# JERSEY

*Une Allégeance singulière
à la Couronne*

*Les trois léopards du sceau du bailliage de Jersey, octroyé par le Roi Edouard I.*

# JERSEY

## Une Allégeance singulière
## à la Couronne

*Ouvrage collectif coordonné par*
Peter Hunt

*Traduit de l'anglais par*
Michèle Dutrieux

PHILLIMORE

2005

Titre original: 'Jersey – A Crown Peculiar'
Publié par
PHILLIMORE & CO. LTD
Shopwyke Manor Barn, Chichester, West Sussex, England

ISBN 1 86077 292 7 (relié sous coffret)
ISBN 1 86077 308 7 (broché)

Imprimé en Grande-Bretagne par
CAMBRIDGE PRINTING

# TABLE

# LISTE DE ILLUSTRATIONS

# CRÉDITS PHOTOGRAPHIQUES

**Robin Briault** est l'auteur de l'ensemble des photographies à l'exception de celles qui suivent: **Département de l'Environnement**, lézard vert, grenouille agile, campagnol. **Jersey Evening Post**, Miss Bataille de fleurs 2002, la Reine à l' Howard Davis Park, la résidence du Gouvernement, courses aux Landes. **Jersey Heritage Trust**, pressoir à cidre, Edmund Blampied, Claude Cahun, Grouville Common. **Office du Tourisme de Jersey**, carte aérienne. **Dr Louise Magris**, écureuil rouge. **National Galleries, Ecosse**, le Roi Charles II. **Société Jersiaise**, John Wesley, Baie de St Aubin, Broad Street, Millais et Langtry, navire Vega, capitulation. **Stuart McAlister**, Sir Philip Bailhache. **Gareth Syvret**, la Cotte, le Pinacle, l'église de St Helier. **Tate Britain**, La Mort du Major Peirson. **Jennifer Voisin**, récolte de pommes de terre, vache de Jersey, Bois de St Catherine. **James Wells**, Sceau royal, carte de 1606, Salle des Etats, Cour Royale de Justice, Royal Square, sceau et emblèmes, torque d'or.

Aucun extrait de ce livre ne peut être reproduit sans l'accord de son auteur.

*Day of Rest (Jour de repos)* d'Edmund Blampied reproduit avec l'aimable autorisation des propriétaires des droits d'Edmund Blampied.

*Ci-dessus: extrait de la Charte originale de 1341, Archives de Jersey.*

*Droite: Sir Philip Bailhache, Bailli de Jersey.*

*Gauche: vitrail représentant les armoiries royales et les emblèmes des douze paroisses.*

# PRÉFACE

*par Sir Philip Bailhache, Bailli de Jersey*

Dans un monde en perpétuel changement on est souvent tenté de se retourner sur le passé pour comprendre le présent et mieux concevoir l'avenir.

A l'époque moderne Jersey a acquis sa position grâce aux privilèges accordés au Moyen-Age, pourtant, l'importance de l'année 1204 n'a vraiment et pleinement été perçue que pendant les célébrations du 800ème anniversaire. Connaître les temps troublés de son histoire permet de comprendre comment Jersey est devenue une singularité de la Couronne, avec ses propres lois et son gouvernement démocratique indépendant du Parlement de Westminster.

Ce livre, fruit des contributions d'auteurs aux spécialités diverses, tente de définir l'île en fonction non seulement de son histoire mais aussi des multiples aspects de la vie quotidienne à Jersey en ce début de XXIe siècle – la politique, la religion, l'architecture, la culture, l'environnement, la langue, et surtout le peuple de Jersey.

De ces différentes perspectives émerge ce portrait d'une île qui a gardé un sens profond de son identité, façonnée par, mais non emprisonnée dans son passé riche et haut en couleur, et une loyauté indéfectible envers la Couronne.

J'espère que ce livre contribuera à une plus large compréhension du caractère unique de jersey. Je tiens à remercier Peter Hunt, l'éditeur, ainsi que les auteurs et photographes pour leur collaboration.

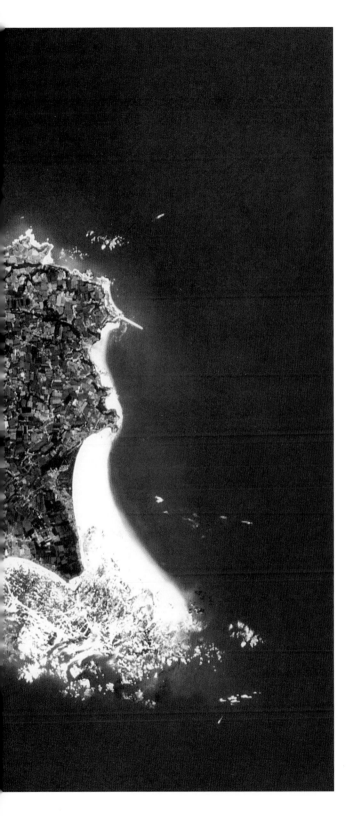

# INTRODUCTION

*par Peter Hunt*

« Les Iles Anglo-Normandes sont des morceaux de France tombés à la mer et ramassés par l'Angleterre ». Cette évocation des Iles Anglo-Normandes par Victor Hugo, bien qu'amusante, n'a aucun fondement historique. Les Iles faisaient autrefois partie intégrante de la France continentale mais en furent séparées à la fin de l'ère glaciaire pour devenir des îles indépendantes.

En 933, Jersey et les autres Iles Anglo-Normandes furent annexées par William Longsword, Duc de Normandie, ouvrant ainsi une longue période de domination normande qui dura 250 ans.

En 1066 après la bataille d'Hastings, le victorieux Guillaume, Duc de Normandie fut couronné roi d'Angleterre. Depuis lors, les îles prêtent serment d'allégeance aux ducs de Normandie et, par leur intermédiaire, à la Couronne anglaise, mais pas au Parlement du Royaume-Uni. C'est pourquoi elles sont reconnues comme 'singularités de la Couronne', fondement de leur indépendance du Parlement britannique.

Les Iles Anglo-Normandes se composent de deux bailliages ou régions, sous la direction d'un Bailli – principal fonctionnaire civil – l'un comprend Guernesey, Aurigny, Sercq et les îlots, l'autre, Jersey et ses deux récifs au large, les Minquiers et les Ecréhous.

Jersey est la plus grande et la plus méridionale des Anglo-Normandes. Elle a une forme irrégulière

*La carte aérienne, et actuelle, de Jersey.*

et une superficie d'environ 116 kilomètres carrés. Elle est constituée essentiellement de granit, ce qui lui confère une côte rocheuse et imposante. Historiquement, sa position géographique dans le golfe de Saint-Malo fit de l'île un avant-poste capital de l'Angleterre. Au Moyen-Âge, elle se trouvait sur la route d'importants commerces de vins et de sel, de la Gascogne dans le sud-ouest de la France jusqu'en l'Angleterre au nord, ce qui, plus tard allait se révéler d'un intérêt stratégique. Située seulement à 19 kilomètres des côtes françaises, elle devint une base pour les flibustiers et les contrebandiers durant les nombreuses guerres contre la France.

Jersey subit les invasions successives des Bretons, des Saxons, des Gaulois, des Romains, des Français, des Allemands, et même pendant la Guerre civile anglaise, des Parlementaires.

Elle fut le témoin de conflits fratricides, de violentes querelles politiques, et la proie de graves problèmes économiques. Elle absorba les influences du catholicisme, du calvinisme, du méthodisme et de l'anglicanisme et survécut à des changements importants dans sa structure sociale.

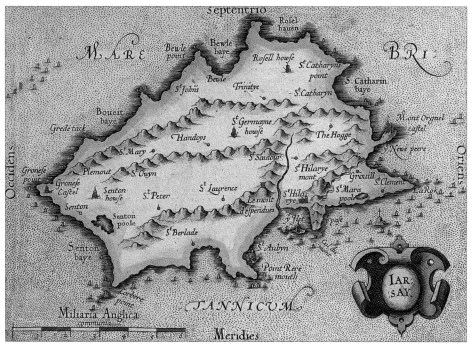

*Ci-dessus au gauche:
Guillaume le Conquérant.*

*Gauche: une Carte de
'Jarsay' de 1606*

*Droite: l'imposante tour
et les créneaux du château
de Mont Orgueil, symbole
du défi de Jersey.*

Les langues parlées dans l'île ont inclus le latin, le breton, le normand, le jèrriais, le français et l'anglais. Pendant une bonne partie des années 1900, beaucoup d'habitants étaient trilingues, la population rurale ayant conservé et parlant la langue traditionnelle de l'île, le jèrriais ou normand de Jersey.

Malgré, ou peut-être à cause de cela, Jersey a développé son caractère propre – ni anglais, ni français – et a embrassé dans ses 116 km2 l'histoire vivante d'une singularité de la Couronne anglaise.

Ce livre, anthologie de textes de divers auteurs, donne une vue d'ensemble de Jersey à l'aube du XXIe siècle – son histoire, son histoire naturelle, sa culture, son commerce, et le plus important, son peuple.

# I

# L'EVOLUTION DU GOUVERNEMENT AUTONOME DE JERSEY

*par Sir Philip Bailhache*

Il est difficile de dater l'origine du statut constitutionnel particulier des Iles Anglo-Normandes de
Jersey et de Guernesey, nichant dans la baie de
Normandie à environ 19 kilomètres de la France
mais à plus de 100 kilomètres de la côte sud de
l'Angleterre. Pour certains, l'histoire commença en
933, quand les îles furent annexées par Guillaume
Longsword, Duc de Normandie et successeur de
Rollo le Danois, fondateur du duché. D'autres
préfèrent avancer la date de 1066 quand Guillaume
le Conquérant traversa la Manche et défit Harold à
Hastings, s'octroyant la Couronne d'Angleterre. Mais
notre histoire commence vraiment en Juin 1204
quand les troupes anglaises du Roi Jean se rendirent
aux Français à Rouen et le Roi d'Angleterre perdit
la Normandie continentale. Les îles, ce qui restait
alors du duché sous le contrôle du Roi – Duc,
allaient devenir six cents ans durant et face à une
côte hostile, les avant-postes du Roi d'Angleterre,
intensément fortifiées, hébergeant des troupes en
garnison.

Pourquoi les îliens demeurèrent-ils loyaux envers le Roi d'Angleterre?: ils parlaient une langue
(le jèrriais) étroitement apparentée au normand,
ils faisaient du commerce dans la même monnaie
que les Normands, leur culture et leurs lois étaient
normandes. Il est à première vue surprenant qu'ils
n'aient pas adopté l'autorité française comme

*La Mort du Major Peirson, par J.S. Copley.*

leurs cousins normands. Peut-être n'y a-t-il pas de réponse définitive à cette question, mais il est indiscutable que deux décisions du Roi Jean furent primordiales.

Premièrement, il fit le choix de ne pas englober les îles dans le Royaume d'Angleterre, mais d'établir des administrations insulaires séparées afin de remplacer l'autorité du pouvoir ducal dont avaient été coupées les îles. Il nomma un Gardien des îles, responsable uniquement devant le roi. Il était évidemment impossible qu'un seul homme assurât toutes les fonctions gouvernementales, i.e. militaire, administrative et judiciaire. Il est clair que depuis le début, il avait sous ses ordres de hauts fonctionnaires et il est probable que dès 1235 ou même plus tôt il y eût un bailli à Jersey et un autre à Guernesey. La mise en place d'une administration séparée renforça sans aucun doute l'idée dans l'esprit des îliens que le Roi était toujours le Duc, même s'il avait été temporairement chassé de la partie continentale de son duché.

Deuxièmement, le Roi décréta que les îles continueraient d'être administrées selon les lois et coutumes alors en vigueur, essentiellement le droit coutumier normand. Il émit un document fondamental appelé de nos jours la « Constitution du Roi Jean. » Par ce décret il ordonnait que les îliens élussent leurs douze meilleurs hommes qui jureraient de rendre la justice. En latin, *duodecim optima juratoris*, de ce dernier mot vint le titre de 'jurat'. Les douze jurats, une fois élus, restaient en fonction à vie. Ils constituaient, avec le Bailli comme Président, une cour d'où émergea au XIVe siècle la Cour Royale de Jersey qui avait autorité pour juger toutes causes criminelles et civiles. Le Roi en son Conseil détenait le droit d'appel. A partir du XIVe siècle, le Bailli ne fut plus subordonné au Gardien (ou Gouverneur comme il fut plus tard appelé), mais fut nommé directement par le roi.

*Le siège de la justice, La Cour Royale de Justice, St Helier.*

Les décrets instaurant une administration séparée et un gouvernement avec ses propres lois et coutumes établirent la base du statut quasi autonome de l'île. Ils permirent aux îliens de se considérer non-assujettis aux lois du Parlement anglais. Ils obtenaient des amendements à des lois locales en adressant une pétition au roi. Si la pétition était acceptée, la loi amendée était alors incorporée dans un décret royal, une ordonnance de « sa Majesté en son Conseil. » Cette disposition a été préservée jusqu'à nos jours dans le préambule à toute législation de première importance qui stipule: 'Les Etats de Jersey – en ce jour de… 200…

Les Etats, soumis à la sanction de « Sa très Gracieuse Majesté en Son Conseil, » ont adopté la loi suivante…'

Mais, la Cour Royale de Justice demeura le corps législatif jusqu'à la fin du XVe siècle. Le processus législatif était amorcé par une pétition de la Cour Royale. Si celle-ci était acceptée l'amendement était incorporé dans un décret royal, un ordre de Sa Majesté en Son Conseil. La Cour Royale était donc, à ses débuts, non seulement un corps chargé d'appliquer les lois, un organe judiciaire, mais aussi un corps législatif.

Les jurats ayant juré de protéger les droits de tous les îliens (ils étaient eux-mêmes habitants de Jersey) il devint l'usage durant le XVe siècle que la Cour Royale délibérât avant d'adresser une pétition pour amender une loi. Cette procédure de consultation engageait les représentants des douze paroisses, pour les nommer, les pasteurs et les *connétables*. Les *connétables* sont les élus responsables des paroisses. Au début du XVIe siècle, ce système de consultation était officialisé et l'Assemblée législative de Jersey était née. Les trois états que sont la Cour, le clergé et le peuple ainsi représentés, donnèrent naissance aux Etats de Jersey, sans doute en imitation de l'assemblée parlementaire de Normandie qui était appelée les *Etats de Normandie*. Les Actes des Etats remontent à 1524 mais au début ils se confondaient avec les Actes de la Cour Royale de Justice. Ce fut seulement en 1603, probablement sous l'influence de

Sir Walter Raleigh, alors Gouverneur, que les Actes des Etats furent enregistrés séparément.

La Guerre civile anglaise eut des répercussions sur le corps social de Jersey. Les îliens, sous la direction du Bailli, Sir George Carteret, étaient résolument royalistes. Après l'exécution du Roi Charles I et sous le Protectorat d'Oliver Cromwell, Carteret fut démis de sa fonction. S'ensuivit la seule tentative sérieuse de retirer à Jersey ses privilèges, et de l'incorporer dans le Royaume d'Angleterre. En 1653, Cromwell émit un édit, en anglais, ordonnant aux îliens d'élire deux représentants pour siéger à la Chambre des Communes. Les Etats, soucieux de ne pas encourir la colère du Lord Protecteur, délibérèrent longuement afin de trouver une parade. Finalement, ainsi continue l'histoire, la réponse arriva comme suit: « au Lord Protecteur, le remerciant de sa communication mais regrettant que les îliens ne pussent la comprendre, leur langue étant le français. » Cromwell avait alors des problèmes plus urgents et il ne donna pas suite à cette suggestion.

Après la restauration de la monarchie en 1660, Charles II exprima sa gratitude aux îliens pour leur loyauté en remettant au Bailli une masse d'armes royale, qui est portée devant lui à chacune des séances de la Cour Royale et réunions des Etats.

1771 fut une date clef dans le développement constitutionnel de Jersey. Un décret royal fut émis, instituant un code de lois qui stipulait que désormais seuls les Etats auraient le pouvoir de voter les lois. La fonction législative de la Cour Royale prit fin et le processus séparant le pouvoir judiciaire du pouvoir législatif fut mis en marche. La composition des Etats demeura cependant inchangée. Les jurats, pasteurs et connétables constituaient toujours l'Assemblée présidée par le Bailli. Le Gouverneur, seul représentant du monarque et Commandant en chef des forces britanniques de l'île, avait le droit de siéger, tout comme les officiers de la Couronne – le Procureur général et l'adjoint du Procureur général.

En 1856, le mot 'député' fut ajouté au vocabulaire politique de Jersey quand une loi prit des dispositions

*Le creuset politique*
*– La Salle des Etats,*
*St Helier.*

*Les Armoiries célébrant la
visite du Roi Georges V
et de la Reine Marie en
1921.*

pour quatorze membres supplémentaires, trois pour les circonscriptions de St Helier, la capitale de l'île, et un pour chacune des onze autres paroisses. En 1924 une loi permettant aux femmes de se faire élire députés écorna la suprématie masculine.

En 1940, l'île fut envahie par des troupes allemandes et le gouvernement insulaire, parlementaire fut suspendu pendant les cinq années de l'occupation. La libération devint effective le 9 Mai 1945.

En Juin 1946, en réponse aux propositions des Etats, un comité composé d'éminents membres du Conseil privé et présidé par le Ministre de l'Intérieur, James Chuter Ede, fut instauré. Son but était d'enquêter sur les réformes envisagées concernant la constitution et le fonctionnement du corps législatif de l'île ainsi que la composition de la Cour Royale. En 1948, l'avis émis par le Comité du Conseil privé porta ses fruits. Les jurats et les pasteurs perdirent leur fonction aux Etats et furent remplacés par douze sénateurs élus au suffrage universel et par un nombre plus important de députés. Les fonctions des jurats devinrent exclusivement judiciaires. Ils sont maintenant des juges de faits dans les affaires civiles et déterminent le verdict dans les affaires criminelles. Le Bailli est le seul juge en matière de droit.

En ce qui concerne les relations constitutionnelles entre les Etats de Jersey et le gouvernement du Royaume-Uni, ce dernier est responsable en matière de défense et de représentation de l'île sur le plan international, tandis que les Etats administrent l'île de façon autonome dans la pratique, tout ce qui touche aux affaires intérieures, en particulier la taxation. En général, cette relation fonctionne bien, entre autres raisons parce que chaque parti respecte les droits et les obligations de l'autre. Comme c'est souvent le cas dans les relations constitutionnelles non écrites, il reste quelques questions qu'il vaut mieux ne pas poser. Que le Gouvernement de Sa Majesté ait ou non le pouvoir suprême afin que le Parlement britannique puisse légiférer en matière d'affaires internes à Jersey sans le consentement de l'île est une de ces questions, et constituerait un précédent si le Royaume-Uni agissait ainsi. De même tout manquement de Jersey à un engagement international contracté au nom de l'île par le Royaume-Uni créerait un précédent. Le système gouvernemental et son efficacité sont sans cesse soumis à enquêtes. Au début 2001, la Commission Politique et Ressources des Etats publia le Rapport Clothier, qui examinait les rouages de la machine gouvernementale et préconisait des changements fondamentaux dans la gouvernance de l'île par les Etats. Plus tard la même année, les Etats acceptèrent quelques unes des principales clauses du rapport et votèrent l'abolition du système de comités qui géraient les affaires intérieures de l'île, pour les remplacer par un système de ministères. Une telle procédure eut des répercussions d'une portée considérable. Tous les membres des Etats devinrent en effet des 'membres du gouvernement' en tant que membres d'un certain nombre de comités. Dans ce gouvernement simplifié comprenant 10 ministères, une minorité de 53 membres constituent l'exécutif, les autres examinent minutieusement la procédure et réclament des comptes pour toutes les décisions prises.

Peut-être l'évolution vers un système de gouvernement par ministères est-elle mieux comprise si on la met en perspective par rapport à la vitesse et l'efficacité du processus de décision dans le système de comités. Au mieux, ce système était essentiellement consensuel, mais face à une politique déterminante dans un environnement de plus en plus complexe, l'absence de direction implicite dans un système de comités ayant chacun une influence politique égale, était devenue un problème. L'émergence d'un Premier ministre et d'un gouvernement composé de plusieurs ministres peut être une réponse au besoin d'une direction politique, particulièrement à un moment où il existe des pressions rivales sur les finances de l'île.

Quelques autres propositions de réforme, y compris la suppression des connétables des Etats, sont davantage controversées. Il sera intéressant de voir quelle forme revêtira en fin de compte cette nouvelle forme de gouvernement.

## 2

# LA GOUVERNANCE
# DE JERSEY

*par Peter Hunt*

L'Ile de Jersey est divisée en douze paroisses, chacune constituant un centre civil et religieux pour ses habitants.

Les paroisses sont gérées par un Connétable élu, le 'Père' de la paroisse. Il ou elle, avec l'accord de l'Assemblée paroissiale, fixe les taux de taxation de la paroisse, (à l'origine les impôts étaient levés pour aider les indigents de la paroisse); gère le budget, dirige la police honoraire avec ses fonctions séculaires d'officiers du Centenier et du Vingtenier; arbitre les querelles locales et détenait, autrefois, le pouvoir d'enrôler des hommes dans la milice de Jersey.

Le Connétable siège au Parlement de Jersey, appelé Etats, probablement inspiré du modèle français des Trois Etats, représentant la noblesse, l'église et la bourgeoisie. Le nombre de députés élus comme représentants locaux est proportionnel à la population de chaque paroisse.

Bien que de nos jours la police professionnelle soit responsable du maintien de l'ordre dans l'île, la police honoraire joue encore un rôle important dans chaque paroisse et dans le système judiciaire en général. Récemment, les Centeniers présentaient les délits devant le tribunal de police et bien qu'un conseiller juridique assume maintenant cette responsabilité, les Centeniers se chargent encore des affaires les moins graves devant une commission d'enquête paroissiale. Ils ont aussi la responsabilité

*Le Cœur de l'île, Royal Square, St Helier.*

*Gauche: le Roi Charles II.*

*Droite: le Roi Georges II habillé en sénateur romain, contemplant Royal Square.*

d'inculper les suspects avant leur comparution devant le magistrat.

Le troisième personnage important dans la paroisse, bien que de nos jours ses pouvoirs soient moindres est le pasteur de l'église anglicane. En plus de ses devoirs paroissiaux, le pasteur s'acquitte de devoirs civils. Il préside l'Assemblée ecclésiastique de la paroisse qui élit les clercs de l'église, entretient l'église de la paroisse, le presbytère, le cimetière et siège dans les commissions examinant les affaires de la communauté. La moitié des paroisses n'ont cependant plus de pasteur mais un prêtre en assumant la charge, et d'autres changements sont imminents.

Les Etats se sont développés à partir de la Cour Royale de Justice, autrefois la seule assemblée législative et judiciaire. Au début, ils étaient un organe consultatif de la Haute Cour et évolua pour devenir le corps législatif tandis que la Cour Royale se maintint comme corps judiciaire. La loi la plus ancienne votée par les Etats remonte à 1524.

Le Bailli préside la Haute Cour, assisté de douze jurats ou juges 'de faits' choisis par un collège électoral. La Cour se compose également du Procureur général, de l'adjoint du Procureur général, (tous deux nommés par le monarque) du greffier judiciaire (l'employé de la Cour) et du Vicomte (l'officier exécutif) Depuis 1958, le Bailli est assisté d'un Bailli adjoint et, en complément, de commissaires qu'il a nommés juges supplémentaires à la Haute Cour. Ce sont des juges locaux avec une expérience attestée ou des juges venant de l'extérieur.

La composition des Etats a considérablement changé depuis ses origines, quand les 'Trois Etats' étaient représentés par douze jurats, douze pasteurs et douze connétables. A notre époque les jurats et les pasteurs ne siègent plus aux Etats – l'assemblée est composée de connétables, de 29 députés et de 12 sénateurs – ces derniers sont élus pour six ans au suffrage populaire.

Le Bailli préside à la fois la Cour Royale de Justice et les Etats. Le Lieutenant Gouverneur et le Doyen de Jersey ont tous deux un droit de parole mais pas le droit de vote aux Etats. Le travail des Etats est organisé par le bureau du greffier ou fonctionnaire des Etats aidé des fonctionnaires de l'administration insulaire.

La Couronne est le suprême garant de la sécurité de ses sujets jersiais par l'intermédiaire de son Conseil privé, mais Jersey légifère sur tout ce qui a trait à ses affaires intérieures. Le Département des Affaires Constitutionnelles, dont les ministres répondent au nom de la Couronne aux questions concernant les affaires internes de Jersey, incarne le lien entre l'île et le Parlement britannique.

L'extension des pouvoirs des Etats et du judiciaire a remplacé l'autorité détenue autrefois par les Lieutenants Gouverneurs, les Gouverneurs et, ultérieurement, par les Gardiens et Seigneurs des Iles.

Les Iles Anglo-Normandes ont été et sont administrées selon leurs propres coutumes locales et les lois de Normandie qu'elles ont assimilées, et plus récemment, selon le droit statutaire. Après la perte de la Normandie en 1204, il se peut tout

à fait que le Roi Jean ait modifié les lois de l'île dans sa « Constitution du Roi Jean », mais aucun texte n'a survécu. Au cours du XIIIe et début du XIVe siècle, des querelles éclatèrent au sujet de l'administration de l'île mais, en 1341, Edouard III confirma dans une charte les privilèges, libertés et coutumes de l'île en des termes généraux.

Chaque monarque confirma heureusement ces privilèges particuliers jusqu'à la fin du XVIIe siècle: la dernière charte étant celle de Jacques II en 1687. Depuis lors, les droits des îliens ont été reconnus d'une autre façon.

Jersey a su tirer pleinement profit de ses privilèges particuliers, notamment son exonération douanière, et sa position géographique comme avant-poste anglais, proche des côtes de France, si longtemps ennemie naturelle de l'Angleterre.

# 3

# RÉSUMÉ HISTORIQUE

*par Peter Hunt*

Il y a environ 200.000 ans, au Paléolithique, l'homme primitif a laissé des traces à Jersey, telle la caverne de la Cotte à St Brelade: et cela ne fait aucun doute que Jersey était habitée de façon permanente au Néolithique.

L'un des monuments les plus remarquables de cette période est la Hougue Bie, impressionnant tertre, surmonté de deux chapelles médiévales contenant l'un des plus importants monuments néolithiques de pierre en Europe. Une dizaine de ces monuments de pierre, connus localement sous le nom de dolmens, ont miraculeusement survécu jusqu'à nos jours. On a retrouvé des vestiges des âges suivants, du bronze et du fer, la découverte la plus spectaculaire est une torque, collier torsadé en or, exposée au Musée de Jersey.

Dans la deuxième moitié du Ier siècle, il est probable que l'île ait été peuplée par des Gaulois qui auraient trouvé là un refuge devant l'avancée des armées romaines dans toute l'Europe Occidentale. Cependant, le caractère des Jersiais provient de l'influence prédominante des Normands sur l'île. Cela est visible dans leurs caractéristiques physio-logiques et la langue indigène.

Au début de la conquête normande de l'Angleterre commença l'unique relation entre les Iles Anglo-Normandes et le Royaume-Uni – c'est-à-dire leur allégeance à la Couronne mais pas au Parlement britannique. Quand le Roi Jean perdit la

*L'Entrée de la grotte à la Cotte, St Brelade.*

Normandie en 1204, les îliens se trouvèrent face à un choix: soit rester sous domination anglaise, soit choisir à la France. Ceux qui partirent, perdirent leurs terres au profit de la Couronne qui les attribua souvent à de nouveaux propriétaires.

Ce fut durant cette période que les institutions gouvernementales de l'île furent confirmées – la Cour Royale de Justice, le Bailli, les jurats et les pasteurs – et la structure embryonnaire des Etats se développa.

Les conditions de vie des îliens étaient alors terribles. En effet, en 1339, l'île fut rasée trois fois par les envahisseurs français. La vie quotidienne devint si difficile qu'à la demande d'Edouard IV en 1481, le pape délivra une bulle pontificale de neutralité qui plaça les Iles Anglo-Normandes sous la protection de l'église, les hostilités étant ainsi interrompues aussi longtemps que les îles restaient en vue. Ce privilège de neutralité dura 200 ans jusqu'en 1689 quand Guillaume III, farouchement en lutte contre Louis XIV, n'admit aucun commerce avec l'ennemi.

Les industries traditionnelles de Jersey regroupaient l'agriculture et la pêche. Avec l'extension du protestantisme après 1517, et l'abandon de la tradition catholique du jeûne, commença le déclin progressif des marchés du poisson. Ce fut à ce moment-là cependant que se développèrent,

heureusement, deux nouvelles sources de revenu. La première fut la découverte des bancs de morue à Terre-Neuve, et la deuxième fut le tricot. Tout le monde pratiquement dans l'île travaillait dans 'l'industrie' du tricot, en particulier la fabrication de bas. A tel point que la Haute Cour interdit cette activité à l'époque des moissons et pendant la récolte automnale de *vraic* ou varech – fertilisant et source d'énergie importants.

A partir du début du XVIe siècle, les protestants français ou Huguenots commencèrent à affluer, une deuxième vague immigra cent ans plus tard après la révocation de l'Edit de Nantes, qui leur avait octroyé la liberté de culte. De nombreuses familles de Jersey ont ainsi des ancêtres huguenots: ils ont apporté à Jersey leur savoir-faire dans les secteurs du commerce et de l'artisanat ainsi qu'une solide base au dogme protestant. N'ayant aucun grief contre le roi, les affaires du Parlement anglais ne la concernait pas, Jersey espérait ne pas être impliquée dans la Guerre civile anglaise.

Cependant, les Royalistes chargèrent Sir George Carteret, neveu du Bailli et capitaine dans la Royal Navy de les ravitailler en munitions depuis la France. Sir George prit la mer et attaqua des navires marchands dans la Manche en route vers Londres. Il vendit ensuite les vaisseaux à St. Malo et acheta des armes avec la recette.

Le Parlement nomma son propre Gouverneur pour Jersey, il établit sa résidence à St Helier tandis que les Royalistes contrôlaient les châteaux. L'île tomba dans l'anarchie et les conflits fratricides. En 1643, Sir George rassembla toutes les troupes disponibles et reconquit l'île pour le roi.

Trois ans plus tard, le jeune Prince de Galles arriva avec une suite de 300 personnes. Il resta deux mois avant de partir pour la France.

Après l'exécution de Charles I en 1649, Jersey déclara immédiatement son fils roi – la première à le reconnaître – et le futur Charles II revint à Jersey pour six mois en septembre 1649. Il fut couronné à la Restauration de la monarchie en 1660. Les dernières années furent une période de troubles.

En 1651, le Parlement envoya l'Amiral Blake et le Colonel James Hearne afin de reprendre Jersey. Les positions de défense capitulèrent l'une après l'autre jusqu'à ce que Sir George et les Royalistes fussent contraints de se retrancher dans le château Elisabeth, où ils furent relativement en sécurité, le canon utilisé ce jour-là n'étant pas suffisamment puissant pour infliger de gros dégâts au château. Cependant, le mortier géant ainsi que trois de ces nouvelles armes furent installés au pied de Town Hill. Au troisième tir, un boulet contenant 18 kilos de poudre atterrit sur la vieille abbaye abritant le magasin de munitions du château. L'abbaye et le bâtiment adjacent furent détruits, deux tiers de l'approvisionnement de Sir George perdus et on dénombra 40 victimes. La garnison continua le combat mais, le 5 décembre, le siège qui avait duré 50 jours prit fin et Sir George se rendit.

Il négocia avec succès la possession de toutes ses terres, y compris le cadeau de Charles en Amérique, connu sous le nom de New Jersey. Il embarqua pour la France où il devint amiral dans la marine française et, après la Restauration, le roi lui accorda des charges prestigieuses à la cour anglaise.

Après la Restauration, les intérêts maritimes de Jersey se développèrent de façon spectaculaire. Les bancs de morue de Terre-Neuve attiraient les marchands aventureux de Jersey et des familles fondèrent des maisons de commerce non seulement à Jersey mais aussi à Terre-Neuve, en Amérique, à Londres et dans les ports de la côte sud de l'Angleterre. Plus près des côtes jersiaises, en temps de guerre, les flibustiers jersiais, munis de Lettres de Marque, menaient une guerre de course et harcelaient les bateaux français. En temps de paix, ils passaient des marchandises entre la France et l'Angleterre selon leurs propres méthodes douanières.

Les Jersiais ont toujours présenté leurs doléances devant le Conseil privé en seconde instance de la Cour Royale de Justice, et en réponse à une pétition de 1769, un Lieutenant Gouverneur fut nommé afin d'examiner les lois locales. A la suite de quoi, en 1771, les lois de Jersey furent réunies

*L'imposant rocher du
Pinacle, St Ouen.*

*Découverte en 1889, cette magnifique torque d'or date de l'âge de bronze.*

et publiées sous forme de Code, et approuvées par le Conseil privé, 'ainsi personne ne sera maintenu dans l'ignorance de ses droits'.

Le pouvoir de promulguer de nouvelles lois, soumises à l'approbation du Conseil privé, fut conféré aux Etats. La Cour Royale de Justice inscrit ces nouvelles lois une fois que la Couronne ' siégeant en son Conseil' les a approuvées.

En 1773, la France rejoignit l'Amérique dans sa Guerre d'Indépendance contre l'Angleterre. Jersey reprit de plus belle ses activités de flibuste. En conséquence, la France tenta de reconquérir l'île, d'abord en 1779, puis de façon plus dramatique en 1781. Cette année-là le Baron de Rullecourt débarqua à La Rocque avec un petit groupe d'hommes. Ils marchèrent sur St Helier et capturèrent le Lieutenant Gouverneur, Moise Corbet qui signa l'ordre de reddition. Ses officiers britanniques et la Milice de Jersey refusèrent cependant de reconnaître la capitulation, clamant qu'ils préféreraient mourir plutôt que de se rendre. Sous le commandement du Major Peirson, la Bataille de Jersey fut livrée à Royal Square. Peirson et de Rullecourt furent tous deux tués tragiquement, mais la Milice et les troupes britanniques remportèrent la victoire.

Jersey entra alors dans une période d'activité politique intense durant laquelle deux partis politiques se formèrent, l'un dirigé par John (plus tard Sir John) Dumaresq et l'autre mené par Charles Lemprière. La rivalité acharnée entre les deux partis, divisant la population insulaire, allait ternir l'histoire de l'île pendant une centaine d'années jusqu'à l'abolition du système des partis en 1891.

Introduit à Jersey en 1787, le méthodisme se développa largement depuis Terre-Neuve avec l'arrivée de John Wesley. L'absence de cérémonie, la discipline et l'austérité du culte méthodiste plut à beaucoup d'îliens habitués au calvinisme et, bien que cette doctrine rencontrât, au début, de la résistance, elle s'implanta très facilement sur toute l'île.

En 1793, la France, déclarant à nouveau la guerre à l'Angleterre, des constructions défensives s'élevèrent en séries, des tours rondes en pierre, le long des côtes. En 1806, le Général Don devint Lieutenant Gouverneur. C'était un homme d'une grande vigueur qui introduisit le premier réseau de routes principales, un système de transmission et mit l'île sur le pied de guerre.

La guerre de course contre la flotte française allait si bon train que Napoléon déclara « Non, la France ne peut tolérer plus longtemps ce nid de brigands et d'assassins. L'Europe doit être purgée de cette vermine. Jersey est la honte de l'Angleterre. » Sa défaite face à Wellington à Waterloo en 1815 l'empêcha de parvenir à une solution.

Avec la défaite de Napoléon, les guerres contre la France qui avaient contrarié l'histoire de Jersey depuis Guillaume le Conquérant se terminèrent. Le commerce des bas, source considérable de revenus, déclinait en raison des changements de mode et des nouvelles matières premières. La production de cidre, autre source importante de revenus, était aussi en déclin en raison de la production de bière. Une époque avait véritablement pris fin.

Ce fut alors au tour des Anglais d'immigrer en grands nombres. Le coût de la vie était moins élevé de moitié qu'en Angleterre et des officiers, avec une solde réduite, s'installèrent à Jersey après la guerre. Une crise agricole en Angleterre et la famine en Irlande encouragèrent davantage l'immigration. En 1821, la population était de 28.885. Elle atteignit 37.155 en 1851. L'agriculture se diversifia – avec la Royale de Jersey, une pomme de terre primeur, et la vache de race jersiaise. Ces deux nouveautés allaient apporter une immense richesse à la communauté agricole. En même temps, le réseau ferroviaire anglais fut relié aux paquebots à vapeur et l'ère du tourisme commença. L'ostréiculture, industrie lucrative, mais qui fut de courte durée, prit son essor sur la côte est. Cependant avant 1864, les bancs, dragués à l'excès étaient épuisés.

Les performances maritimes de Jersey conduisirent tout à fait naturellement à la création d'une industrie de construction navale. Grâce à l'exonération des taxes douanières dont l'île bénéficiait, elle importait

*Gauche: le Bailli,
Alexander Coutanche,
remet la capitulation de
l'île aux Allemands le
1er juillet 1940.*

*Droite: le navire Vega,
véritable sauveur, arrive
en Décembre 1944.*

ses matériaux à un coût moindre que ses concurrents britanniques, et la main-d'œuvre était moins chère. Avant 1865, Jersey était devenue le cinquième centre de construction navale des Iles Britanniques. Néanmoins, l'exploitation des bateaux en acier sonna le glas de cette industrie.

Quand la Première Guerre mondiale éclata en 1914, la garnison britannique fut rappelée et la Milice de Jersey mobilisée. Plus de 6000 Jersiais combattirent dans cette guerre et 862 y laissèrent la vie. Malgré ces tragédies individuelles la vie fut relativement paisible durant les quarante premières années du XXe siècle.

Au début de la Seconde Guerre mondiale, en 1939, les Jersiais espéraient que leur expérience de la première guerre se répèterait. Apparemment insignifiante du point de vue militaire, et bien en sécurité derrière la flotte britannique et la ligne Maginot, l'île était dépeinte comme « le lieu idéal de villégiature, cet été, en temps de guerre. »

Jersey entra dans la guerre à la mi-juin 1940 quand l'île orchestra son 'Dunkerque'. Une flottille de petits bateaux, rassemblée par le capitaine de port et le Yacht Club, prit la mer en direction de St Malo, et pendant trois jours évacua des troupes britanniques loin de l'armée allemande qui avançait. Au départ, ces troupes et d'autres envoyées en renfort d'Angleterre se joignirent à la Milice de Jersey et se retranchèrent. Quand Whitehall décida que l'île ne pouvait être défendue, chaque membre de la Milice se porta volontaire pour rallier l'Angleterre et les forces armées qui y stationnaient. En tout 10.000 hommes quittèrent l'île et 41.000 autres restèrent.

A partir de 1941, sur l'ordre d'Hitler, les Iles Anglo-Normandes furent transformées en 'forteresse

Europe', un bon nombre des bunkers et emplacements des pièces d'artillerie sont encore visibles aujourd'hui. Durant cette période, de la main d'œuvre esclave fut amenée de toute l'Europe pour construire les défenses de l'île, et souffrit terriblement aux mains des occupants.

La pénurie de nourriture et plus tard de combustible fut le problème le plus aigu. Les quatre cinquièmes des terres arables furent convertis, de cultures de pommes de terre, en cultures de blé, on se mit à cultiver des betteraves et de l'eau de mer fut transformée en sel. Quant au combustible, 200.000 arbres furent abattus. Ce que Jersey ne pouvait produire, elle l'importait de France et les îliens reçurent les mêmes maigres rations que les Français.

La situation devint désespérée après le débarquement en Normandie le 6 juin 1944. Le 17 août, Saint-Malo était tombée aux mains des Alliés mais les Allemands détenaient toujours Jersey comme forteresse et les îliens firent l'étrange expérience du blocus par leurs concitoyens. Les Allemands comme les Jersiais souffrirent de la faim. Des morts furent évitées grâce à l'accord qui autorisa le navire de la Croix Rouge Vega à débarquer 750 tonnes de vivres, deux fois par mois, la première cargaison humanitaire arriva le 30 décembre 1944.

Ce fut une question de survie jusqu'au 9 mai 1945: la veille, Churchill déclarait: « nos chères Iles Anglo-Normandes seront libérées dans la journée. » L'occupation avait pris fin.

Après la Seconde Guerre mondiale, l'île se rétablit remarquablement vite grâce au tourisme qui contribua de façon importante aux finances, à l'agriculture retrouvant ses spectaculaires récoltes de tomates et de pommes de terre, et à son élevage bovin. La stabilité financière de Jersey fut également assurée par le prêt de six millions de Livres que les Etats avaient négocié pendant la guerre et que le gouvernement britannique régla.

A la fin des années 50, un vide législatif fut mis à jour dans la structure fiscale britannique, grâce auquel on pouvait bénéficier d'une exonération des droits de succession par le biais du système juridique et financier de Jersey. Les capitaux affluèrent ainsi dans l'île. Vers 1960, la masse des capitaux était telle que les Etats s'adressèrent au Trésor britannique pour enrayer le flot.

En plaçant ses relations financières sur une base réaliste, l'île montrait sa volonté de probité en matière fiscale et financière. En échange de la perte de ce revenu, le Code de 1771, fixant les taux d'intérêt en dessous de 5%, fut abrogé et les taux d'intérêt de Jersey furent alignés sur ceux des banques anglaises. Dans les années 60, Jersey s'établit comme place financière importante – rang que l'île occupe encore à ce jour.

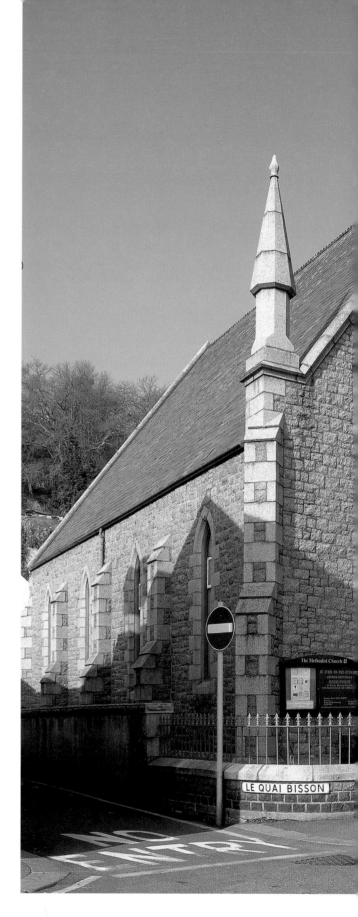

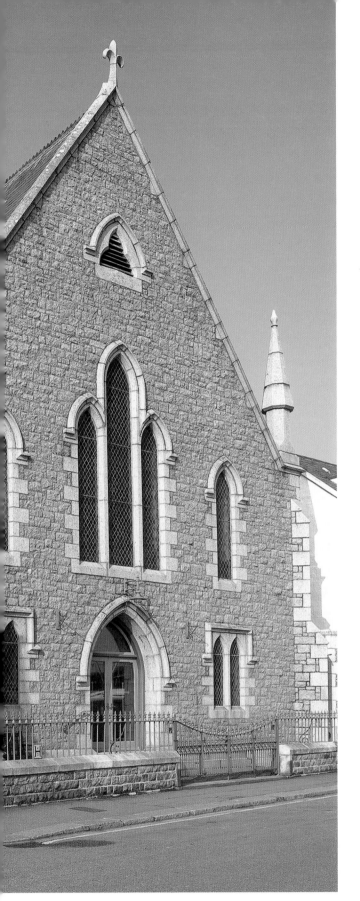

# 4

# LE CHRISTIANISME
# À JERSEY

*par Peter Hunt*

On suppose que la religion chrétienne fût implantée dès le IIIè siècle. Rouen, l'une des principales cités de la province romaine de Lyonnaise Seconde, intégrée dans la presqu'île du Cotentin et l'Archipel Anglo-Normand, était devenue en 260 le siège de l'évêché sous Saint-Nicaise. En 314, 36 évêques officiaient dans la région appelée Gaule. Il est donc fort probable que c'est durant cette période que le christianisme atteignit les îles.

Cependant, l'avancée chrétienne décisive eut lieu au Vè siècle depuis le sud-ouest de la Grande-Bretagne. Après le départ de Gaule des Romains, l'Armorique fut dévastée et pratiquement dépeuplée. Par ailleurs, les Celtes chrétiens furent contraints de fuir le sud et l'ouest de l'Angleterre sous la pression des belliqueux Anglo-Saxons. Beaucoup d'entre eux mirent le cap vers cette terre isolée, la terre des Bretons ou Bretagne.

Saint Samson conduisit l'une de ces vagues d'envahisseurs et une croyance veut qu'il ait abordé Guernesey alors qu'il faisait route vers Dol dont il devint l'évêque. Les premiers missionnaires, dont on raconte qu'ils ont visité les Iles Anglo-Normandes, portent des noms celtiques – Saint Samson, Saint Magloire et Saint Brelade, et les noms des églises paroissiales, construites au bord de la mer, reflètent cette influence celtique. Le moins qu'on puisse dire c'est que les moines celtes étaient zélés et leur vision très précise du paradis et de l'enfer devint peu à

*La charmante chapelle méthodiste à St Aubin.*

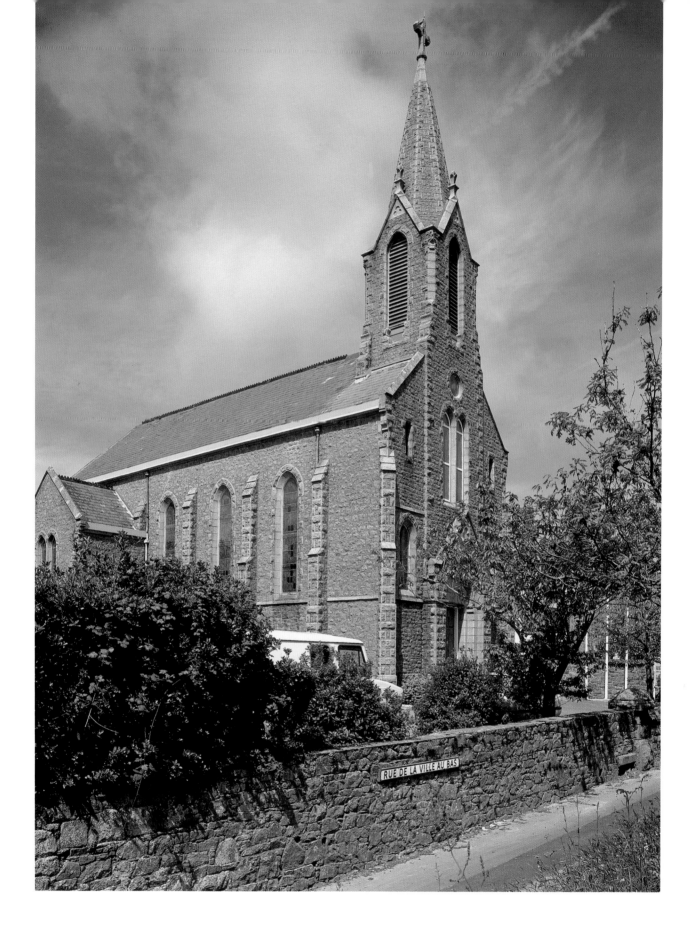

peu prépondérante sur les croyances païennes. On peut raisonnablement supposer que les premières frontières des paroisses se stabilisèrent après que Charlemagne imposa en 779 le système de la Dîme, (chaque dixième de la récolte de blé devait être remis à l'église.)

Pendant cette période, la Bretagne, incluant la Presqu'île du Cotentin, gagna son indépendance et soutint la tendance celtique de son catholicisme contre le courant majoritaire de la vie ecclésiastique, alors en Europe, l'église de Rome. Plusieurs siècles durant, les évêchés de Dol (celtique) et de Tours (romain) furent en conflit.

La conquête du Cotentin et des Iles Anglo-Normandes par les Normands a peut-être marqué la fin de l'influence celtique dans les îles. Sous la loi normande, le centre religieux était Coutances, et les églises et chapelles ou leurs patronages étaient accordés aux grandes abbayes normandes, qui, à leur tour, nommaient les pasteurs des paroisses, leur donnant plein pouvoir dans le règlement des conflits.

En 1204, le Roi Jean perdit la Normandie, ce qui conduisit à une anomalie qui allait durer trois cents ans. Le clergé local n'eut probablement aucune inclination pour les rois de France, mais ils étaient nommés par l'évêque de Coutances et demeuraient ainsi loyaux, percevant les dîmes pour leur hiérarchie française.

Il faut rappeler que les Jersiais parlaient le normand et le français, et leurs pasteurs étaient français. La différence linguistique entre Jersey et l'Angleterre allait jouer un rôle important dans l'évolution future de la religion à Jersey.

Le grand schisme au sein de l'église catholique en 1378 causa de nouvelles frictions entre les Anglais et les Français, Jersey se situant entre les deux partis. Le nationalisme grignotait alors la croyance médiévale en l'ordre universel. Deux papes avaient été élus, Clément et Urbain. La France et l'évêque de Coutances soutenaient Clément: l'Angleterre soutenait Urbain. Le Gardien des Iles reçut l'ordre de se montrer peu clément à l'égard des pasteurs. Il bannit le Doyen et ferma le tribunal ecclésiastique.

En 1417, le Concile de Constance persuada l'un des papes de démissionner et déposa l'autre. Le nouveau pape, Benedict XIII fut accepté à la fois par la France et par l'Angleterre, et la paix ecclésiastique revint à Jersey.

Jersey était reconnue comme centre religieux abritant de nombreux moines en provenance d'abbayes françaises détruites durant la Guerre de Cent ans, qui s'étaient installés sur l'île. Ce fut à cette époque qu'un effort fut entrepris pour faire de la petite chapelle appelée l'Ermitage, autrefois la maison du martyre Saint Helier, un centre de pèlerinage.

Ce fut durant le règne d'Henri VII qu'on s'attaqua à 'l'anomalie' de Jersey, prêtant allégeance au roi anglais et en même temps vouant fidélité à un évêque français. En 1496, Henri obtint du pape Alexandre Borgia une bulle transférant les îles du diocèse de Coutances vers celui de Salisbury et, trois ans plus tard, une autre bulle les incorporant au diocèse de Winchester.

Personne n'y prêta attention hormis un certain Richard Le Haguais qui, avisé, se fit investir à la fois à Winchester et à Coutances. L'évêque de Coutances et ses successeurs continuèrent en fait de confirmer, d'ordonner, d'investir et d'agir comme évêques incontestés des îles pendant cinquante ans. Les réactions de l'église catholique face à la Réforme différait d'un pays à l'autre, mais en Espagne et en France, elles furent terribles. En Espagne, l'église de Rome rejeta le protestantisme au moyen de l'Inquisition, et en France des adeptes de la nouvelle foi furent torturés et les premières victimes brûlées à Meaux et à Paris en 1523.

Les protestants français devinrent rigides et intransigeants. Ils se croyaient les soldats engagés dans un combat à mort contre le démon. Bien que réduit à la clandestinité, le mouvement se propageait inexorablement.

*St Matthew, l'église catholique romaine à St Peter.*

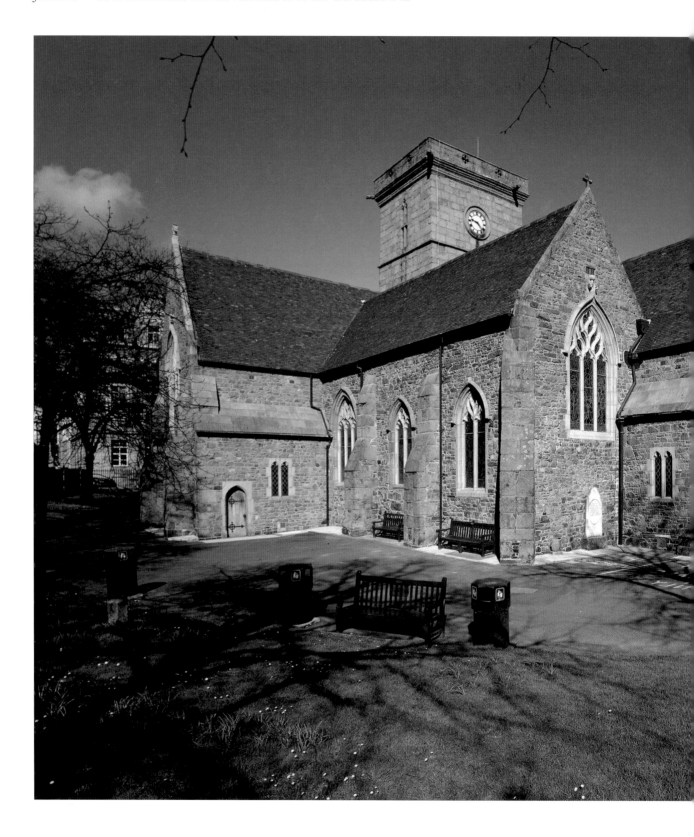

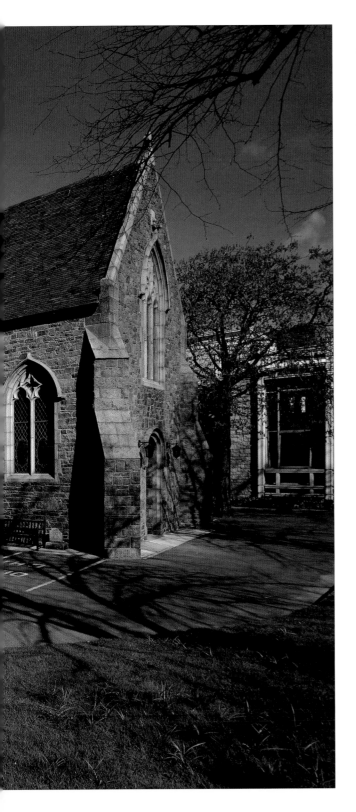

A Jersey, le gouvernement d'Henry VIII retira son soutien à l'église catholique et le vieil ordre religieux s'effondra. Jersey embrassa le nouveau mouvement réformateur, conduit par les nombreux pasteurs qui avaient amené des théologiens pour les assister dans l'enseignement de la nouvelle religion.

En janvier 1549, la Loi sur le Conformisme balaya les offices en latin et institua l'usage du premier livre de prières [Rituel de l'église anglicane] de Cranmer dans chaque église. Le problème à Jersey était que le Livre de prières était rédigé en anglais et donc inintelligible de la majorité de la population. Le seul livre de prières en français disponible pour les pasteurs était les *Prières ecclésiastiques* de Calvin.

Ce Français lucide rédigea un résumé logique de théologie et souda ses adeptes dans une église stricte, cohérente et bien rôdée, capable d'affronter Rome sur un pied d'égalité. En France, ses partisans furent connus dans la seconde moitié du XVIe siècle sous le nom de Huguenots, qui, alors que la persécution continuait, émigrèrent en grands nombres à Jersey.

Malgré les tentatives de la Reine Marie de restaurer le catholicisme, ses efforts n'aboutirent que partiellement à Jersey et furent brefs. Selon l'un des dogmes calvinistes l'église ne laissait aucune place pour un chef suprême. Ce qui ne réjouit pas la Reine Elisabeth I. Henry de Carteret fut envoyé à Londres par le synode afin de plaider en faveur du calvinisme. Il défendit l'argument selon lequel Jersey appartenait au diocèse de Coutances où le calvinisme était très répandu, et que si la Reine bannissait leur ministère, Jersey se retrouverait sans ministres du culte protestant pieux et francophones.

La Reine essaya le compromis. En 1565, le Gouverneur reçut l'ordre d'autoriser l'emploi du rituel huguenot dans Town Church (l'église paroissiale de St Helier), à condition que dans les autres églises l'on pratiquât l'office en usage dans le royaume. Comme si souvent dans l'histoire de Jersey, les paroisses ignorèrent l'ordre.

*L'église paroissiale de St Helier, 'Town Church'.*

*Jean Calvin, réformateur*
*et théologien français.*

Pendant ce temps-là, un calviniste, John After était devenu Doyen de Guernesey. Proclamant agir sous l'autorité de l'évêque de Winchester, il donnait l'impression qu'on avait redécouvert la Bulle de 1499. Le clergé qui prêtait allégeance à ce dernier tout en acceptant l'autorité de l'évêque de Coutances, était perplexe.

En 1564, l'évêque de Coutances qui se trouvait être précisément l'ambassadeur de France à Londres revendiquait ses dîmes et droits. Le Conseil privé jugea sa requête raisonnable. Guernesey refusa de payer. Après cinq ans de tractations, le Conseil ordonna en 1569 que les îles fussent définitivement détachées du diocèse de Coutances et unies à jamais à Winchester. Des rumeurs circulèrent que l'évêque de Coutances était sur le point de lever une armée en France pour envahir les îles, mais cela s'avéra sans fondement et les liens unissant les îles à Coutances depuis quatre siècles furent rompus.

En 1568, l'Edit de Saint-Maur bannit tous les ministres huguenots de France et interdit la foi protestante sous peine de mort. De plus en plus de réfugiés émigraient dans les îles, et leur nombre ne fit que s'accroître après le massacre de la Saint-Barthélemy en 1572.

En 1576, le synode rédigea la très détaillée *Police et Discipline ecclésiastique* qui établissait enfin la foi calviniste, l'administration et la police morale calvinistes dans chaque paroisse. Les non-conformistes ne seraient pas tolérés. Le trait le plus marquant du calvinisme était l'accent mis sur la discipline. Derrière l'église, il y a la Cour Royale de Justice et derrière la Cour Royale, les donjons de Mont Orgueil. Cependant son grand avantage était son attachement à l'éducation. Il insistait beaucoup sur la lecture de la bible, et des écoles furent créées dans chaque paroisse. Il introduisit aussi des bourses d'entrée dans les universités anglaises.

L'importance accordée à la discipline provoqua une réaction, à la fois contre les punitions proprement dites et contre ceux qui étaient considérés comme des adorateurs du diable. L'ère de la chasse aux sorcières commença.

Avec l'accession au trône de Jacques I en 1603, naquit un mouvement concerté contre le presbytérianisme et en direction de l'anglicanisme. A Jersey, on était fier de sa foi protestante mais on réprouvait en revanche la discipline répressive qui en diminuait l'attrait.

La nomination d'un pasteur anglican, quoique combattue par les calvinistes, fut accueillie par une opinion publique divisée. En 1620, Jacques I nomma finalement David Bandinel Doyen de Jersey avec vingt-trois instructions pour faire appliquer la foi anglicane. Celles-ci n'accordaient aucune validité au Livre de Discipline des calvinistes et ne laissaient aucune juridiction aux Anciens de la cour ecclésiastique. Le rituel de l'église anglicane, traduit en français, devait être en usage dans tous les offices religieux. Ces mesures ne rencontrèrent que de la résistance passive, et la clause spécifiant que la communion serait reçue à genoux fut totalement ignorée, même dans les églises du Doyen.

En 1623, les canons auxquels le roi opposa son sceau furent établis. Pendant plus de 300 ans cette ébauche de loi se maintint à Jersey. Sur la question anglicanisme contre presbytérianisme, ils ne laissaient aucune lacune. Bandinel, soutenu par les ressources enthousiastes du gouverneur, du Conseil privé et du roi, avait écarté toute opposition. L'anglicanisme avait en apparence triomphé mais, pendant des générations Jersey demeura calviniste dans l'âme, graine qui allait germer et porter ses fruits un siècle plus tard avec l'introduction du méthodisme.

Pour les Jersiais, plutôt calvinistes, les Stuart portaient en eux la même constante du retour à la foi romaine, et ils se sentaient naturellement plus proches des Puritains anglais. Le mouvement puritain n'était pourtant pas calviniste mais plutôt 'indépendant', ce qui, aux yeux des calvinistes, était aussi terrifiant que le catholicisme.

Avec l'arrivée à Jersey des 'Tuniques rouges' [soldats anglais puritains], presque tous des 'indépendants', la population assista à la sécularisation des églises, transformées en salles de garde, à l'autodafé des bancs et du mobilier d'église. Les pasteurs faisaient de leur mieux, parlant français, que les 'Tuniques rouges' ne comprenaient pas, pour maintenir un simulacre de religion.

L'Angleterre, pendant ce temps, était en proie à une grande confusion religieuse, où toute forme de culte était tolérée à l'exception du Livre de prières et de la messe. Les pasteurs étant nommés par l'évêché de Winchester, il était courant de trouver un anabaptiste dans une paroisse, un indépendant dans une autre et un presbytérien dans une troisième.

La menace du catholicisme réapparut avec la Restauration de la monarchie. Jacques II était fortement influencé par les jésuites, ce qui sapa pratiquement la loyauté de la majorité protestante de Jersey envers les Stuart. Malgré cela, la foi catholique avait progressé et les familles catholiques de Jersey contrôlaient les châteaux, noyaux importants du pouvoir.

En 1685, Louis XIV révoqua l'Edit de Nantes qui avait accordé la liberté religieuse aux Huguenots. De nouveaux réfugiés affluèrent à Jersey, y enfiévrant le sentiment anti-catholique, mais la population continua néanmoins à redouter le pouvoir des châteaux, aux mains des catholiques.

Quand Jacques II décida d'éduquer son fils en catholique, rien sinon une révolution pouvait sauver le protestantisme anglais. Guillaume d'Orange fut pressenti pour la Couronne, Jacques II s'enfuit en France et Guillaume fut couronné en Février 1689. Le Ier Avril, un régiment sous le commandement du Comte de Bath arriva pour pacifier l'île et la rendre sûre pour l'établissement du protestantisme. « A leur arrivée », raconte Falle l'historien, « les papistes furent désarmés et l'île pacifiée pour la venue du Prince. ».

Depuis lors, une centaine d'années s'écoulèrent dans la stabilité religieuse jusqu'à la Révolution française en 1789. Affluèrent d'abord des aristocrates français, suivis en 1792 de prêtres catholiques et de trois évêques. En quelques années, 3000 prêtres avaient débarqué sur l'île. La Cour Royale de Justice, inquiète de cet afflux, décida que si on leur offrait l'hospitalité et les autorisait à ouvrir des oratoires privés, ils n'essaieraient pas de convertir la population locale. La majorité observa fidèlement cette condition.

Pendant ce temps, en 1765, Lawrence Coughlan avait introduit le méthodisme à Terre-Neuve, cœur des pêcheries de morue où les navires marchands jersiais étaient très présents. En 1775, Pierre Le Sueur et John Tentin retournèrent à Jersey et se mirent à prêcher le méthodisme. En 1783, un régiment arriva de Winchester, un bon nombre de soldats étaient méthodistes et se plaignirent des offices donnés en français, ils firent appel à John Wesley, et un prêcheur anglophone, Robert Brackenbury fut envoyé à Jersey.

L'introduction du méthodisme ne se passa pas sans incidents. Adam Clarke fut conspué alors qu'il essayait de prêcher en plein air. Un hangar, don de la famille Le Jeune pour servir de chapelle, fut attaqué par la foule. La chaire et des bancs furent une fois, emportés au port et attachés aux haubans d'un bateau. Cependant, malgré ces frayeurs, ce fut les paroissiens méthodistes qui affirmèrent leur prépondérance tout au long du XIXe siècle et formèrent l'épine dorsale de la vie religieuse à Jersey jusqu'au XXe siècle.

Au début des années 1800, la fin des guerres napoléoniennes et l'introduction des vapeurs facilitèrent un afflux considérable d'Anglais à Jersey. Vers 1840, on pouvait dire qu'il y avait 5000 résidents anglais dans l'île. C'était des personnes cultivées aux revenus confortables et ils formaient à St Helier une colonie presque à l'écart, qui ne se mêlait pas aux Jersiais ruraux, francophones.

Cependant, ce fut l'époque où, grâce à davantage d'aisance, et aussi par nécessité, des églises furent rénovées et de nouvelles furent construites. Les méthodistes, baptistes, chrétiens traditionalistes, méthodistes 'primitifs' et même des catholiques romains avaient leur propre chapelle. Le nombre de chapelles annexes et la variété des confessions religieuses reflétaient assez bien la présence de ces résidents anglais.

L'Ere victorienne fut également témoin d'une résurgence de l'église romaine. Le travail irlandais, importé pour construire les ports, en fut une des causes, mais, plus important encore, il y eut un nouvel afflux d'immigrés français, membres des corps enseignant et médical, victimes des lois anticléricales en France. Grâce à cette dernière vague d'immigration, l'île bénéficia d'écoles catholiques, d'établissements pour les personnes âgées et infirmes et de contributions considérables à des œuvres de bienfaisance et à des bourses d'études.

En 1931, la Loi sur la Représentation de l'église des Iles Anglo-Normandes, votée par les Etats, fit entrer l'église de Jersey dans le système anglais dominant, avec toutefois des garanties pour sauvegarder l'indépendance de l'île. Parallèlement, l'éducation laïque dispensée dans les écoles religieuses fut placée sous le contrôle des Etats, avec les mêmes garanties.

Après la Seconde Guerre mondiale, un esprit œcuménique nouveau, encouragé par le Conseil des églises de Jersey, rassembla les diverses confessions religieuses et inspira la création de centres communautaires dans un grand nombre de paroisses.

Alors que la religion ne joue plus de rôle prépondérant dans la vie communautaire, son influence, en particulier l'influence méthodiste, demeure essentielle dans le caractère singulier de l'intégration dans la communauté jersiaise.

*John Wesley, par*
*Nathaniel Hone.*

# 5

# L'EVOLUTION DE LA CAMPAGNE

*par Roy McLoughlin*

Quand la Reine Victoria et le Prince Albert visitèrent Jersey en 1846, ils firent le tour de la paroisse de St Clément, parcoururent les vertes collines de Grouville jusqu'au château de Gorey, en grande pompe, accompagnés du Lieutenant Gouverneur et d'un cortège officiel, y compris la Milice de Jersey. La campagne offrait alors à la vue des espaces libres, illimités, inviolés par la circulation routière ou le chemin de fer à vapeur qui, trente ans plus tard, allait traverser les verts bosquets des paroisses de l'est de l'île.

Aujourd'hui, les paysages de Jersey sont en perpétuel changement. Et même au cours des cinquante dernières années ils ont subi des transformations. Des lignes d'horizon se profilent sans arbres, abattus par la violente tempête de 1987. La construction immobilière bouleverse parfois la mémoire des paysages perdus du passé. Mais le profil principal de l'île demeure tel qu'il était autrefois. Les vallées s'étendant du nord au sud sont restées presque inchangées. La vaste perspective de la Baie de St Ouen semble être, du moins à première vue, la même. Ce n'est qu'en regardant de plus près qu'on découvre un parcours de golf au milieu des champs, dunes et mares, ainsi que deux ou trois aménagements de loisirs sur la côte.

Ailleurs, partout dans l'île, de vieilles fermes sont souvent transformées, décorées, en somptueuses

*Les champs de pommes de terre, couverts de plastique, à L'Étacq, St Ouen.*

demeures. Les chemins sont devenus des routes jalonnées de stations services tels les puits d'antan. Mais la campagne a toujours changé au gré des circonstances.

Au Moyen-Âge, les seigneurs, propriétaires terriens, possédaient la terre sous forme de fief ou région placée sous leur contrôle, en louaient une partie à des fermiers en échange de travail et paiement en nature. Selon le droit féodal de champart [de champ et de part], le seigneur recevait un douzième d'une gerbe de blé ou de coton, et les droits seigneuriaux incluaient aussi bien des poulets, des œufs, des oies que du 'vraic' (varech utilisé comme engrais.)

On cultivait de larges bandes de terres dans des champs ouverts, mais plus tard, vers la fin du XVIe siècle, les fermiers acquirent le droit de clôturer leurs parcelles: ils en délimitaient les frontières avec des talus de terre. Des voies charretières entre les talus donnaient accès aux petites exploitations isolées, formant ainsi un enchevêtrement de chemins à travers la campagne. C'était un signe évident de l'émancipation des fermiers du système féodal de propriété terrienne, et fut le début de l'absorption progressive des pouvoirs des cours seigneuriales par la Haute Cour. Des lois votées par les Etats, le 17 et 24 juillet 1602, établirent un Registre des titres constitutifs de propriété. Au fil des siècles, le cycle des saisons accentua les transformations, en particulier après l'introduction des roues de moulin en bois, avec leurs essieux tournants. En plein été, les terres en cultures déployaient leur palette de couleurs, de l'or des blés mûrissant au soleil dans l'attente des moissons et du transport vers les moulins pour y être transformés en farine. Partout où coulait un ruisseau, il y avait des moulins à eau. Autrefois, pas moins de quarante-sept moulins fonctionnaient ainsi dans l'île, évidemment pas tous en même temps. Dans la vallée de St Peter, la rivière faisait tourner à différents moments les roues de huit moulins. De plus, six moulins à vent marchaient à chaque fois qu'il y avait assez de vent pour faire tourner leurs voiles.

Si on remonte loin dans le temps, au XVIe siècle, la communauté agricole exportait déjà un produit fabriqué localement vers l'Angleterre et la France. Les épouses de fermiers tricotaient des 'jerseys' de pêcheurs, et tout naturellement l'idée leur vint de tricoter des bas de laine, donnant naissance à la célèbre activité artisanale des bas de laine. Des familles entières, même les hommes, tricotaient à la maison. Les chiffres de l'exportation atteignirent plus tard 10.000 paires de bas par semaine.

Les moutons envahirent les champs et les rouets transformaient leur laine en bobines de fil très fin. Cette activité prit vite des proportions telles que, face au ralentissement du travail agricole, les Etats durent intervenir et voter en 1608 une réglementation interdisant le tricot pendant les périodes de moisson et de ramassage du varech.

Une nouvelle production insulaire très lucrative apparut au XVIIe siècle. Les pommes à cidre, déjà la boisson courante des gens de la campagne, devinrent un produit exportable vers les marchés anglais. Les pommeraies couvraient toute l'île. Même les bords des champs étaient plantés de pommiers. Les pressoirs à cidre firent leur apparition partout dans les fermes. Au XVIIIe siècle, les vergers représentaient 20% des terres à Jersey, s'ajoutant aux champs de blé, d'orge et de brassica [famille des crucifères, choux et moutarde].

La récolte des pommes était l'occasion de fêtes au cours desquelles on utilisait la pulpe et les restes de pommes Souvent à la fin d'octobre, un fermier invitait ses voisins et leurs femmes à une soirée amicale, connue sous le nom de « nuit du beurre noir ». L'événement se passait dans une grange où l'on avait placé des chaises. Au centre, les pommes et la pulpe cuisaient dans une énorme marmite d'environ 1,50m de diamètre pendant des heures parfois jusqu'à une heure avancée de la nuit, et les invités remuaient, chacun à son tour, le mélange qui, finalement donnait une sorte d'épaisse confiture, appelée beurre noir. Ce qui était important c'était la réunion d'amis et les conversations. Souvent un accordéoniste ajoutait à la soirée une note d'ambiance en jouant des airs de musique populaire.

*Récolte des Royales de Jersey.*

Le visage de la campagne jersiaise a toujours été façonné par une économie basée sur de petites exploitations familiales. Après l'enclosure des champs, le paysage demeura inchangé pendant deux cents ans. Mais un bouleversement se profilait à l'horizon. Le Général Don fut nommé Lieutenant Gouverneur en 1806, à l'époque des guerres napoléoniennes. Il commença aussitôt par organiser la défense de l'île. Il décida la construction de Fort Regent, puis s'intéressa aux points vulnérables des côtes et entrevit la nécessité d'un système de routes permettant aux troupes de se déplacer rapidement en cas d'invasion des Français. Les nouvelles routes traversaient souvent les champs et les chemins étroits. Les fermiers protestèrent contre ces travaux mais le Général tint bon. Il quitta Jersey en 1814, laissant derrière lui un réseau de routes qui allait changer le paysage de l'île des années durant.

Au XIXe siècle, la campagne changea d'aspect. Les fermiers expérimentaient alors l'élevage de vaches aux proportions spéciales et aux rendements laitiers exceptionnels. Bientôt, les éleveurs eurent besoin d'un système organisé de sélection et de classification aussi bien des taureaux que des vaches. En 1866, la Société Royale d'Agriculture et d'Horticulture de Jersey ouvrit les premières pages de son 'Herd Book', Livre généalogique des races bovines, afin d'enregistrer les lignées de bovins. Depuis lors, les éleveurs jersiais ont mis au point une technique de conservation du standard de la race, qui est expédiée aux quatre coins du monde. Plus récemment, les exportations concernaient les semences congelées de taureaux jersiais primés.

Les pâturages et terres arables constituent 6185 hectares, soit 53% de la totalité des 116km2 de superficie de l'île. Avec de telles limites, le sol devient un sujet de considération majeure pour les fermiers. Les engrais chimiques sont utilisés avec précaution sur un bien si précieux. En même temps, la demande locale en produits agricoles et l'attrait des marchés

*La maison familiale d'Hamptonne, Musée de la vie rurale à Hamptonne, St Lawrence.*

extérieurs poussent les fermiers à augmenter leur production annuelle et à fertiliser leurs terres. Le vieil engrais à taux 9-6-9 (9 mesures de nitrates, six mesures de phosphates et neuf mesures de potasse) est encore la base de plusieurs mélanges modernes. Pendant ce temps, on teste déjà des techniques de culture biologique. Un fermier s'est déjà converti totalement à la culture biologique et un distributeur local mit en avant le goût authentique et les qualités diététiques de ces produits.

Dans le passé, laisser un champ en jachère tous les quatre ans était une pratique courante. Les Français ont récemment apporté une variante à cette coutume de la jachère, et quelques fermiers l'ont adoptée à Jersey. Ils font ce qu'ils appellent une 'récolte verte', de l'avoine, des brassica nigra (moutarde noire) et des pois pas encore mûrs, ce qui aère le sol et le régénère plus efficacement que la simple jachère. Quand on traverse les paroisses rurales, on a un aperçu d'un mode de vie en harmonie parfaite avec les vieilles fermes jersiaises. Celles-ci ont un style architectural traditionnel. Chacune d'elles a une porte d'entrée au milieu de la façade, qui mène à un couloir et à un escalier, avec des pièces de part et d'autre et deux autres pièces à l'arrière de la maison. On retrouve la même disposition à l'étage, de chaque côté de l'escalier et du palier. Un petit bâtiment supplémentaire avance en saillie à l'une des extrémités de la maison, à l'origine une étable pour une vache ou deux. Des murs de granite, patinés par les vents, se fondent dans le paysage et donnent l'image d'un mode de vie vieux de plusieurs générations de Jersiais. Les transformations du paysage rural sont inévitables quand la population croît régulièrement et la demande en logements suit cette croissance. Des lieux sauvages existent pourtant toujours – les sentiers de randonnées dans les falaises de la côte nord, Gros Nez et les Bois de Noirmont. Très peu a changé à Rozel, Bouley Bay et Bonne Nuit Bay, et les vallées sont restées en grande partie intactes. La seule chose qui soit de nos jours visiblement différente est la population, plus dense, des paroisses.

*La vache de Jersey.*

*Double page suivante: premières lueurs du jour dans les bois de St Catherine, St Martin.*

Ceux qui vivaient à Jersey dans les années 20 et 30 se plaignent des encombrements des routes, des plages, des coins verts où ils allaient autrefois pique-niquer. Ils regrettent les jours passés quand la vie était plus facile et quand Jersey avait encore, leur semble-t-il, son caractère propre. Mais la nostalgie ne peut ressusciter un style de vie évoquant les charrettes transportant le varech, les paysans réunis autour d'une bolée de cidre, comme les dessins d'Edmund Blampied les a immortalisés. Beaucoup de tout cela a quand même survécu. Peut être, est-ce parce que le milieu naturel résiste assez bien à la menace de l'urbanisation des années futures qu'il a su conserver son aspect éternel.

# 6

# JERSEY ET LA MER

*par Simon Bossy*

L'image populaire de la mer enchâssant Jersey est celle de côtes rocheuses, de baies de sable fin, d'une eau vive et étincelante, et de fortes marées. L'amplitude énorme des marées, l'abondance des poissons et crustacés ainsi qu'une population locale aimant passionnément la mer contribuent à créer cette image. Nombreux sont les habitants possédant une canne à pêche ou un crochet à homards et presque tous connaissent quelqu'un qui a un bateau.

Jersey est encastrée dans la Baie de Granville, avec la Basse-Normandie à l'est et la Bretagne au sud. Les Français décrivent avec justesse la région comme « le Golfe normano-breton ». Les eaux sont relativement peu profondes et semées de rochers, récifs et bancs de sable. Certains constituent de vastes plateaux et Les Minquiers au sud de St. Helier en est peut-être le meilleur exemple. Il a une superficie de 80km2 et, à marée basse, n'est pas beaucoup plus petit que Jersey. Les coefficients de marées sont tels que l'amplitude peut atteindre 12m entre la haute et la basse mer, ce qui est à l'origine de forts courants et de raz de marée. A marée basse, la mer peut se retirer à plus d'un kilomètre et demi du niveau des hautes eaux sur le versant sud-est peu profond de la côte. Les zones sableuses et rocheuses ainsi exposées baignent dans la chaleur estivale, ce qui, en retour élève la température de la marée montante. Les eaux côtières limpides sont ainsi en été incontestablement

*Le phare de La Corbière à la pointe sud-ouest de l'île.*

plus chaudes qu'au large et offrent un environnement idéal aux poissons et crustacés.

A l'ouest, exposé à la houle et aux déferlantes atlantiques s'étend la plage de St Ouen pourtant à une demi-heure de route de la côte est, abritée par la Presqu'île du Cotentin: la plage est suffisamment protégée pour nourrir des bancs d'huîtres qui approvisionnent de nombreux restaurants de la région.

Les eaux chaudes et la grande diversité d'habitats alimentent parfaitement une vie marine abondante dont la plus petite probablement, quoique néanmoins importante, le plancton. Celui-ci inclut de nombreuses espèces animales et végétales qui, à l'état adulte ne dépassent pas un millimètre de large. Leur pleine croissance estivale, en particulier à l'est de l'île, nourrit une profusion de mollusques bivalves, acéphales et lamellibranches [filtrant le plancton en suspension dans l'eau], parmi lesquels, les coques et les rasons dans la Baie de Grouville, les huîtres, les crevettes et les praires sur la Violet Bank [banc de sable au large de l'île], et les coquilles Saint-Jacques Royales, souvent au menu des restaurateurs. La conchyliculture en particulier bénéficie de cette richesse en plancton. Chaque année, 200 tonnes d'huîtres, nichées dans les rochers et les ravines de la côte sud, jusqu'à la Pointe du Hocq, sont produites sur la côte inférieure de la Baie de Grouville.

Les algues plus volumineuses, tout comme les plantes et animaux microscopiques foisonnent. Elles sont en fait si abondantes qu'autrefois, on les récoltait et les utilisait comme engrais dans les champs, et des lois, telle « la Loi sur la coupe et la pêche du 'vraic' » (varech) [en français dans le texte] de 1894, en contrôlaient l'exploitation. De nos jours encore, les tempêtes d'automne arrachent d'énormes quantités de pousses d'été qui s'amoncellent sur les plages où les fermiers les ramassent pour leurs champs. L'haliotide local (connu sous le nom d'ormeau) vit de ces algues à croissance estivale, et est le plus gros représentant des gastéropodes marins du littoral jersiais.

Il abonde sur la grève inférieure et s'agrippe fermement aux rochers à l'aide de son pied charnu. Les ormeaux sont très prisés des pêcheurs à pieds qui descendent au jusant lors des grandes marées d'équinoxe pour crocheter le délicieux mollusque sous les rochers avec leur crochet plat. La pêche à l'ormeau n'est autorisée que pendant des mois d'hiver, mais nombreux sont ceux qui vont 'à la pêche à la rocaille', car on attribue une grande valeur gastronomique à ces mollusques marins. Les pêcheurs à pieds ont à leur disposition une grande variété de poissons et de coquillages. Sur la plage, ils ont le choix, embrocher des poissons plats ou ratisser le sable à la recherche d'anguilles de mer ou appâter des hameçons appelés « paillots » pour attraper du bar. Dans les zones graveleuses ils ratissent ou creusent à la recherche de coques, de rasons ou de praires et, dans les rochers dénichent crabes et homards et, peut-être aussi des étrilles, plus petites mais très savoureuses, complèteront-elles la pêche. Les pêcheurs se laissent très facilement absorber dans leur activité, mais la règle d'or est de ne jamais oublier l'heure de la haute mer. S'ils se sont éloignés sur la grève, il leur faut rentrer avant d'être piégés par la marée montante.

Même si l'ormeau reste l'un des mollusques les plus renommés de Jersey, le littoral abrite aussi d'importantes populations de crabes, d'araignées de mer et de homards, le roi des crustacés de Jersey. L'araignée de mer migre des hauts fonds au printemps, et son arrivée est souvent associée à la pleine saison de la pomme de terre primeur. Beaucoup préfèrent la chair plus fine d'une araignée à celle plus commune du crabe. De temps en temps, les pêcheurs attrapent ce dernier, souvent dans des claies, appelées localement « bourraques ».

On trouve aussi des homards dans les infractuosités des rochers de la côte inférieure mais on les appâte généralement à l'aide d'hameçons qu'on abandonne sur les grèves. Chaque hameçon (ou série d'hameçons) est marqué d'une bouée de couleur vive, et du haut du sentier de randonnée qui court sur la côte nord de l'île, on aperçoit en

*Le très primé*
*Musée maritime,*
*St Helier.*

*Double page suivante:*
*l'immense et majestueuse*
*Baie de St Ouen à*
*marée basse.*

*Gauche: l'Ostréiculture au large de la côte sud-est.*

*Droite: deux spécimens d'une flottille de pêche irréductible.*

contrebas ces bouées mouchetant les eaux bleues de la mer.

Perchés non seulement sur des affleurements rocheux le long des côtes mais aussi sur les nombreuses jetées et digues, les pêcheurs à la ligne attrapent bars, daurades, mulets, connus sous le nom de poisson d'argent, maquereaux et bécassines de mer. La bécassine de mer, appelée ailleurs orphie, se débat et tire fortement sur la canne et la ligne et, malgré ses étranges arêtes vertes, est tout à fait comestible. On peut pêcher également des poissons plus courants tels que labres, lieus et congres.

La mer dispensant de tels trésors, influe aussi sur le climat de Jersey. Durant la saison estivale, les brises marines rafraîchissent l'île et lui évitent une chaleur étouffante. En hiver et au début du printemps, la température de la mer, rarement au-dessous de huit degrés, réduit le risque de fortes gelées, qui chambouleraient la première récolte de pommes de terre primeur. Malheureusement, la proximité et l'influence de la mer apporte le brouillard qui, occasionnellement, affecte sérieusement l'aéroport très animé de l'île, bien qu'à l'ère électronique, cela gêne rarement la circulation maritime.

Jersey est ainsi tributaire de la mer qui l'entoure. C'est la mer qui réellement et pratiquement régit tous les aspects de la vie insulaire. Tous ceux qui ont vécu à Jersey pendant quelque temps et l'ont quittée, gardent bien souvent la nostalgie de la mer et de ses bienfaits.

# 7

# LE COMMERCE

*par Peter Hunt*

« Le commerce, c'est la vie d'une île ». Philippe Falle

La Chambre de Commerce de Jersey, la plus ancienne, de quelques mois, du monde anglophone, fut fondée en 1768, « pour le bien du commerce et pour soutenir et apporter la respectabilité aux négociants »

Depuis la fin du XVIIe siècle, Jersey était très présente dans les pêcheries de morues de Terre-Neuve et le commerce en Nouvelle-Angleterre. Les grandes maisons de négoce de Jersey furent créées et développées au cours des deux siècles qui suivirent, y compris celles de Dumaresq, Fiott, Lemprière, Janvrin, Pipon, d'Auvergne et Patriarche. Les fondements de l'histoire du commerce à Jersey remontent au Roi Jean et, de façon plus significative, au Roi Edouard III. En 1341, le Roi Edouard émit une charte qui confirma les coutumes de Jersey.

« Considérant la fidélité et la loyauté des hommes bien-aimés de nos îles envers le roi d'Angleterre et considérant combien ils ont souffert pour défendre leurs îles, Nos droits et Notre honneur, Nous décrétons pour Nous-même et Nos descendants le maintien de tous privilèges, libertés, exemptions et coutumes accordés par Nos ancêtres ou autre représentant, et Nous décrétons qu'ils en jouissent librement sans être importunés par Nous-même et Nos héritiers ou Nos fonctionnaires ».

*L'Âge d'or de la construction navale dans la Baie de St Aubin.*

*L'ancienne bourse aux céréales à Royal Square, St Helier.*

Cette charte n'a jamais été révoquée par aucun monarque régnant et constitue la base fondamentale sur laquelle les Iles Anglo-Normandes ont interprété leurs droits ainsi énoncés dans la Commission Royale du Roi Jean en 1248. Les îles seraient dégagées de tout service militaire, taxes et impôts, on suppose qu'elle comprenait également le droit de gérer ses affaires intérieures.

Des siècles durant, Jersey avait commercé en monnaie française: la livre tournois, le sol ou sou et le denier. Alors que les échanges à travers l'Angleterre se développaient avec l'utilisation concomitante de la monnaie anglaise, Jersey se trouva prise au milieu d'une fluctuation monétaire sans équivalence de nos jours.

En 1729, un décret du Conseil privé cota le shilling anglais à 14 sous ou la livre sterling à 280 sous. En 1834, quand le système monétaire anglais fut introduit, la livre sterling fut estimée à 520 sous.

Naturellement des émeutes éclatèrent à propos de la dévaluation de la monnaie française par rapport à la monnaie anglaise, mais les valeurs anglaises résistèrent et Jersey se convertit au système anglais des livres, shillings et pence.

En 1789, les Etats votèrent une loi interdisant l'importation du bétail en provenance de France à destination de l'Angleterre. Cette loi allait avoir des conséquences dépassant les contrôles conçus par les Etats. A cette époque, les fermiers normands, rusés, afin d'éviter les taxes d'importation en Angleterre, envoyaient leur bétail en premier lieu à Jersey pour ensuite l'expédier, sans payer de taxes, vers l'Angleterre. La loi eut pour effet d'exclure tout bétail étranger de Jersey, et grâce aux réformes proposées par le Colonel (plus tard Sir John) Le Couteur dans les années 1830, la race jersiaise se développa. La race jersiaise et la Royale de Jersey allaient devenir, après le déclin de l'industrie du cidre au milieu des années 1800, les piliers de la richesse agricole et le rester jusqu'au XXe siècle.

Une grande partie du commerce insulaire de cette époque résidait dans la réexportation de marchandises en provenance de l'étranger. Les produits locaux n'étaient pas taxés. L'île était ainsi en mesure d'importer, par exemple, du cuir de France, le transformer en bottes et chaussures et les revendre en Angleterre et, encore davantage, vers l'Amérique où de très lourds droits de douane taxaient les marchandises non-britanniques.

Avant 1870, l'âge d'or du commerce maritime de Jersey, la flotte dénombrait 450 navires et une industrie de construction navale avait pris son essor sur les côtes est et sud de l'île.

Conformément à une tradition, la banque de nombreux îliens était une remise, un trou dans un mur de sa maison. Appelée *paûte* ou *pouchette,* son emplacement était un secret bien gardé. Cependant en 1797, Hugh Godfray, négociant en vins, fonda ce qui allait devenir la Old Bank. Ensuite, il y eut la Commercial Bank de Janvrin, Veulle et Cie. En plus de ces dernières et autres banques plus récemment fondées, les paroisses, La Vingtaine de la Ville [division administrative d'une paroisse, à l'origine composée d'une vingtaine de familles d'où l'appellation.] et quelques particuliers émettaient leurs propres billets de banque.

En 1813, puis en 1831, les Etats prirent des mesures législatives pour protéger le public des abus du système bancaire. Mais, en dépit de cette législation à Jersey comme ailleurs, les jours de la petite banque privée étaient comptés. La faillite d'un propriétaire ne pouvait que trop rapidement engloutir le petit capital investi.

En février 1873, la Mercantile Union Bank ferma ses portes. Quatre mois plus tard, ce fut au tour de la Joint Stock Bank de suspendre les paiements. Comme on pouvait s'y attendre, cette seconde déconfiture eut pour résultat une ruée sur les autres banques. Cependant, le pire était à venir. Le 11 janvier 1886, la Jersey Banking Corporation, la banque des Etats, suspendit les paiements elle aussi. Le jour suivant l'entreprise Charles Robin et Cie, la plus vieille et la plus importante compagnie de navigation de Jersey mit la clef sous la porte. L'année 1886 représenta un tournant dans l'histoire des banques et des grandes entreprises de pêcheries.

Le Ier avril 1886, la Loi sur les sociétés de Jersey qui excluaient les banques de la clause de responsabilité limitée fut retirée. Ce qui permit aux grandes banques anglaises de prendre le contrôle des petites banques de Jersey. En 1887, la Channel Islands Bank fut reprise par la Old Bank, qui à son tour fut absorbée par la London and Midland Bank dix ans plus tard. Avant 1926, les cinq grandes banques de Londres avaient déjà absorbé les dernières petites banques locales.

La fin de la Guerre civile américaine eut pour conséquence dans le domaine des pêcheries les échanges directs entre le Canada et les Etats-Unis. La demande se concentra alors sur le poisson séché et salé et, plus tard, la réfrigération changea complètement l'industrie traditionnelle de la pêche. Les sociétés de pêche jersiaises qui survécurent furent celles qui fusionnèrent et se diversifièrent à Terre-Neuve et au Canada.

Après les crises de 1886, la situation de Jersey se redressa remarquablement vite. L'une des raisons fut l'installation de familles anglaises aisées, apportant leur fortune dans l'île. Jersey était alors presque la seule région des Domaines de la Couronne à être exemptée de taxes, le revenu des Etats provenait des taxes sur les vins et alcools, des droits portuaires, des licences des tavernes et de la location des places de marché. Inutile de préciser que les fermiers de Jersey n'oublièrent pas les désastres bancaires et beaucoup retrouvèrent le vieux réflexe de conserver leur fortune dans le traditionnel trou dans le mur.

La richesse agricole de Jersey qu'apportaient les cultures de pommes de terre, de tomates, et l'élevage de la race jersiaise représentait alors la part dominante du revenu insulaire, complété par l'immigration continue des Anglais et le développement d'une industrie touristique dynamique. Cette situation ne changea pratiquement pas jusqu'aux années 60, à l'exception de l'intermède de la Seconde Guerre mondiale.

*Les pressoirs à cidre traditionnels, Musée de la vie rurale d'Hamptonne.*

L'agriculture fut la première activité affectée. Le marché des primeurs, d'abord les tomates, ensuite les pommes de terre, commença à être concurrencé par les pays méditerranéens qui pouvaient facilement produire les mêmes cultures plus tôt en saison et à moindre coût. Puis, ce fut au tour du tourisme à être menacé. Le développement du transport aérien bon marché, l'envie de voyages plus aventureux et les prix à la hausse des vacances à Jersey mirent en danger cette source de revenu. Le changement le plus spectaculaire suivit cependant le développement de l'industrie de la finance. Cette industrie domine maintenant la vie commerciale insulaire. De nos jours, l'île importe de la main d'œuvre et du matériel, des services d'assistance technique pour cette industrie de services. La fonction traditionnelle de Jersey d'exportateur d'hommes et de biens est terminée.

Toute conjecture sur l'avenir retiendra notre attention.

*L'Office du tourisme, Liberation Square, St Helier, autrefois le terminus des chemins de fer de Jersey.*

# 8

# L'INDUSTRIE DE LA FINANCE

*par Colin Powell*

Ce qui sans aucun doute influença de manière spectaculaire l'économie jersiaise et la vie des îliens dans la deuxième moitié du XXe siècle fut le développement de l'industrie de la finance et la réputation croissante de l'île comme centre financier international de renommée mondiale. Se projetant dans un avenir plus ou moins proche, on a toutes les raisons d'espérer que l'industrie de la finance continuera d'être le nerf de la vie économique de l'île pour le bien-être de ses habitants et le financement de ses services publics. Cette industrie compte pour plus de 60% du revenu global de Jersey, et pour plus encore de ses recettes fiscales. Elle emploie directement plus de 20% de la population active et, à travers la richesse qu'elle génère, a un énorme impact indirect sur l'emploi dans les diverses entreprises productrices de biens et de services. Comme industrie, elle finance également de façon substantielle par le parrainage, des événements culturels, sportifs et autres, et les œuvres de bienfaisance bénéficient largement des donations de nombreuses institutions financières.

Jusqu'en 1960, le développement des banques et autres services financiers à Jersey correspondait généralement à un besoin des habitants et des hommes d'affaires de Jersey, bien que depuis longtemps elle attirât les non-résidents à la recherche d'un refuge pour leurs capitaux.

*La salle de conférence de Morgan Stanley Quilters en contact permanent avec le monde de la finance.*

Depuis des siècles, l'île a toujours été une zone faiblement taxée. Pour s'assurer sa loyauté, les monarques anglais successifs accordèrent des chartes qui l'exemptaient des impôts anglais. Cette situation fiscale indépendante fut un facteur important de son développement économique. L'industrie du tricot aux XVIe et XVIIe siècles, la construction navale et le commerce au XIXe siècle, le tourisme aux XIXe et XXe siècles et, de nos jours, les services financiers, ont bénéficié de l'environnement fiscal favorable de Jersey.

Après la Guerre 1914-1918, des taux d'imposition plus élevés au Royaume-Uni rendirent l'île particulièrement attractive pour les résidents fortunés britanniques. Le gouvernement britannique exprima sa préoccupation à propos de ce phénomène et, après des réunions à Londres en 1927, les Etats acceptèrent d'interdire aux résidents britanniques de créer des sociétés à Jersey dans le seul but d'éviter les impôts au Royaume-Uni. Cette politique resta en vigueur jusqu'au début des années 1970 grâce à l'introduction de ce qui devint la « Clause du Bailli » dans les statuts des sociétés de Jersey. En 1927, on demanda aussi aux Etats de coopérer avec le gouvernement du Royaume-Uni dans sa lutte contre l'évasion fiscale. Ils collaboreraient, répondirent-ils, si tous les autres pays concernés en faisaient autant. Cependant le gouvernement britannique n'obtint pas l'accord des autres pays et Jersey ne prit donc aucune mesure. Le volume des titres étrangers détenus par les banques au nom de résidents et non-résidents nous donne une idée de l'activité des services financiers avant 1940. Il fallait expédier ces titres au Royaume-Uni seule garantie pour qu'ils ne tombassent pas aux mains de l'occupant, quand en juin 1940, les troupes allemandes menacèrent d'envahir l'île.

Au début de l'Occupation, les Etats décidèrent en septembre 1940 qu'il était nécessaire d'augmenter le taux de l'impôt sur le revenu de 2,5% à 20%, taux qui est resté inchangé à ce jour. La popularité de Jersey comme zone à taxes faibles crût régulièrement depuis la fin de la Seconde Guerre mondiale, non que Jersey agît sur son taux d'imposition pour attirer les non-résidents, mais parce que l'île devint attrayante fiscalement en raison de l'augmentation du taux d'imposition sur les particuliers et les sociétés dans les autres pays.

Les dépôts bancaires qui totalisaient £2 millions en 1903 et £19 millions en 1939, ne crûrent que modérément en termes réels jusqu'en 1960 quand ils atteignirent £40 millions. A cette époque toutefois le monde changeait et beaucoup d'anciennes colonies britanniques accédaient à l'indépendance: de nombreux expatriés britanniques étaient en quête d'un refuge sûr pour leurs capitaux. Jersey offrait la stabilité politique et fiscale qu'ils recherchaient.

Néanmoins, il existait une limite au rôle de Jersey comme place financière d'accueil aux sociétés bancaires intéressées par la gestion de ces capitaux. Une clause dans le Code de 1771, restée en vigueur, selon laquelle les taux d'intérêt ne devaient pas dépasser 5%. Cette clause fut abrogée en 1962 à la demande du Président de la Commission des Finances d'alors, le Sénateur Cyril Le Marquand, architecte du développement de l'île en un véritable centre financier international. A la fin de cette année-là, les premières banques commerciales étaient établies à Jersey pour profiter des disponibilités. En dix ans, 25 banques et autres sociétés financières étaient présentes dans l'île et les dépôts avaient atteint environ £500 millions.

Dans les années 60, la croissance des services financiers dépendait principalement des affaires traitées depuis le Royaume-Uni et de ses ressortissants travaillant et vivant à l'étranger. En 1972, le gouvernement britannique redessina les frontières de la zone sterling d'alors, ce qui exclut les Iles Caraïbes de la zone et fit entrer Jersey, Guernesey et l'Ile de Man.

Un certain nombre de banques internationales, se proposant d'offrir des services financiers à tous ceux dont les capitaux étaient basés dans la zone sterling et qui souhaitaient les soustraire aux impôts du Royaume-Uni, ouvrirent des bureaux à Jersey,

*Le centre bancaire de
St Helier, proche de
Broad Street.*

ce qui entraîna à l'époque une expansion significative de l'industrie de la finance. A tel point que
des politiciens se demandèrent si le rythme de ce
développement était dans l'intérêt de l'île, et pendant
une brève période il y eut un moratoire sur l'octroi
de licences bancaires.

Dans les années 70, l'industrie de la finance
internationalisa de plus en plus sa conception, et
Jersey acquit petit à petit une renommée mondiale
comme place financière sûre avec des institutions
financières saines, travaillant étroitement avec la
City de Londres.

Jersey eut la chance que deux petites banques
locales, qui avaient fait faillite en 1970, donnèrent
l'exemple des dangers d'un contrôle inefficace de
l'industrie de la finance. Les Etats avaient adopté
l'idée qu'il valait mieux opter pour la qualité et
n'accorder de licence qu'aux banques de réputation internationale se situant dans les 500 premières
mondiales. La conséquence de cette politique fut
qu'à la fin des années 70 les autorités insulaires
refusèrent d'accorder une licence à la banque qui
allait donner beaucoup de soucis à la communauté
financière mondiale dans les années 1990.

En 1979, le gouvernement britannique abrogea les contrôles du change qui touchaient la totalité de la zone sterling, y compris Jersey. Cette mesure ouvrit davantage encore Jersey à un nombre croissant d'affaires internationales.

Le commerce international en expansion et le climat des investissements des années 80 s'accompagna d'un développement énorme des fortunes individuelles. Cela conduisit à une demande des facilités bancaires privées (en particulier de la part de résidents des régions du monde où dominait l'instabilité économique et politique), de services d'investissements et d'autres activités de services financiers. Dans les années 80 et 90 et à l'aube de ce XXIe siècle, Jersey s'est imposée comme centre international de la Finance au service de la communauté financière mondiale. Les médias dépeignent fréquemment Jersey comme l'un des paradis fiscaux mondiaux, point de vue manifeste dans la présentation de l'île par des organismes internationaux comme l'O. C. D. E., rapport publié en 1998. Toutefois, à Jersey, le taux d'imposition actuel représente 20% de revenus des particuliers et des sociétés, taux qui n'est par particulièrement faible en comparaison avec les normes internationales. Il est d'ailleurs considérablement plus élevé que le taux imposé dans beaucoup d'autres juridictions concurrentes (par exemple, les Bermudes et les Iles Caïman bénéficient d'un taux zéro, alors qu'un taux d'imposition sur les revenus des sociétés de 12,5% est en vigueur en République d'Irlande).

D'autres aspects de la structure fiscale actuelle de l'île (par exemple, les non-résidents peuvent bénéficier d'intérêts bancaires exonérés d'impôts, profiter des facilités accordées aux sociétés internationales – un taux d'imposition sur les bénéfices internationaux de 2% ou moins - ou encore profiter du privilège d'une société exonérée d'impôt à laquelle seule une commission annuelle est demandée) sont largement exigés pour permettre à Jersey de rivaliser avec d'autres juridictions offrant des facilités similaires, y compris des membres de l'O.C.D.E. et de l'Union Européenne.

Ainsi, il est difficile de taxer l'île de 'paradis fiscal', de plus que l'O.C.D.E. n'attribue pas cette étiquette aux autres juridictions telles que Hong Kong, la Chine, Singapour, le Luxembourg, les Pays-Bas, la République d'Irlande (et même Londres et New York), qui offrent également des avantages fiscaux aux non-résidents.

Les raisons du succès permanent de Jersey comme place financière internationale sont cependant plus complexes que ses dispositions fiscales avantageuses. Les cinq mots clef expliquant parfaitement ce succès sont stabilité, sécurité, respectabilité, flexibilité et qualité. Jersey jouit d'une stabilité politique, économique et fiscale. Il n'y a pas de partis politiques et la structure fiscale est restée essentiellement inchangée depuis 60 ans. La puissance économique de l'île se reflète aussi dans des budgets équilibrés, l'absence de dette publique et des réserves stratégiques largement égales à une année de recettes fiscales. Ses liens constitutionnels avec le Royaume-Uni prévoient qu'elle conserve une responsabilité globale dans le contrôle de ses affaires intérieures, lui assurant ainsi une totale indépendance en matière fiscale. Pour citer un ministre britannique, « Il constituerait un fait sans précédent que le gouvernement de Sa Majesté interfère dans la législation interne des Iles Anglo-Normandes, y compris l'impôt. » Jersey entretient également une solide relation avec l'Union Européenne qui prévoit qu'elle n'est pas membre pour ce qui touche aux questions fiscales, mais est membre en revanche pour tout ce qui concerne la libre circulation des biens. Aucun changement dans cette relation est souhaité ou envisagé. Par son appartenance au Royaume-Uni, l'île fait partie de l'O.C.D.E., elle est donc concernée par les décisions de l'Organisation (par exemple les Codes de libéralisation sur les mouvements de capitaux et les transactions invisibles) à moins qu'une disposition d'exclusion ne soit spécifiée. Ses relations avec l'Union Européenne concernant le libre échange des biens s'étendent également à l'ensemble de la zone économique européenne. Par l'intermédiaire de l'Union Européenne, l'île est aussi partie prenante

*Hill Street, St Helier,*
*où sont implantés de*
*nombreux cabinets*
*juridiques, localement*
*appelée* Rue des voleurs.

dans l'Organisation Mondiale du Commerce en matière d'échanges commerciaux et il est question que ses relations avec l'Organisation soient élargies au commerce des services quand la législation interne nécessaire à ces derniers sera votée.

L'île a depuis longtemps établi une relation d'union monétaire avec le Royaume-Uni, et en conséquence, les taux d'intérêt et de change appliqués aux sociétés et aux particuliers sont les mêmes que ceux du Royaume-Uni. Il n'existe aucun contrôle des changes limitant les mouvements de capitaux à l'entrée et à la sortie de l'île.

Jersey s'est bâti une solide réputation parmi ceux qui se sont engagés dans des affaires respectables et légitimes, en offrant une protection aux investisseurs, une réglementation financière de haut niveau dans la lignée des procédures en usage dans la communauté internationale, afin de lutter contre le blanchiment d'argent et le financement des activités terroristes. La législation de 2001 prévoit l'élargissement de cette réglementation aux services des sociétés et des sociétés fiduciaires. L'île acquiert ainsi une compétence de pointe et aide à fixer les standards internationaux.

La Commission des Services Financiers de Jersey est l'organisme responsable de la réglementation, de la supervision, du contrôle et du développement de l'industrie des services financiers de l'île. La Commission fut créée par une loi en juillet 1998. Auparavant, la réglementation de cette industrie était assurée par le Comité Economie et Finances des Etats de Jersey par l'intermédiaire de son Département des Services Financiers.

L'île est reconnue comme place financière de qualité par des organismes internationaux, comme le G7, le Forum sur la Stabilité financière, et le Détachement spécial d'Intervention financière sur le blanchiment d'argent, et par des enquêtes indépendantes telle la Revue sur la Réglementation financière de l'île, à l'instigation du gouvernement britannique (le Rapport Edwards) qui conclut que Jersey se situe parmi les meilleures places financières offshore. Un rapport du FMI effectué en 2002 a

fait l'éloge de la réglementation des finances, de la supervision et de la lutte contre le blanchiment d'argent à Jersey. Ce rapport a renforcé son image de centre financier international réputé pour son sérieux.

L'île s'est engagée dans le cadre d'une coopération internationale à poursuivre le crime organisé. Le succès de Jersey dans la réalisation de cet objectif fut concrétisé par la récompense d'un million de dollars décernée en 1997 par les autorités américaines pour sa coopération dans les poursuites efficaces d'individus impliqués dans le blanchiment d'argent de la drogue.

L'île n'est pas tenue au secret bancaire, comme c'est le cas dans d'autres juridicitons telles que le Luxembourg et la Suisse. La confidentialité pour les affaires légitimes est protégée par le droit coutumier, tout comme au Royaume Uni. Cependant, cette protection de la confidentialité peut être retirée lorsqu'on suspecte une activité criminelle faisant l'objet du'une enquête. C'est d'ailleurs pratique courante, à travers l'application de la législation sur les crimes de blanchiment d'argent, les enquêtes sur la fraude et le délit d'initié, selon les cas.

Le succès que rencontre Jersey en tant que centre financier international doit beaucoup à la capacité du gouvernement et de l'industrie des finances à répondre rapidement aux besoins due marché. Ceci est reflété par l'accessibilité du gouvernement et le partenariat établi avec l'industrie des finances. La législation en vigueur est le fuit de cette collaboration dont les exemples récents sont la nouvelle méthode de réglementation des fonds pour les investisseurs experts (« Expert Funds »), le développement des véhecules à résolution spéciale (« SPV's ») et les amendements à la législation des sociétés.

La qualité du service offert est le miroir des compétences et de l'expérience de la main d'œuvre insulaire, du système judiciaire, des liaisons de communication et de la proximité de la City de Londres et d'autres grandes places financières européennes. Jersey a en particulier une forte relation de complémentarité avec la City. De nombreuses affaires,

traitées sur l'île, sont introduites par des institutions qui ont des bureaux dans la City, et la plupart des capitaux, attirés par l'île, en provenance du monde entier (par exemple sous forme de dépôts bancaires ou d'investissements dans des placements collectifs) sont introduits sur des marchés financiers mondiaux par l'intermédiaire de la City.

Depuis 1960, l'industrie de la finance a fait un long chemin à Jersey depuis l'époque où elle

*La Royal Bank of Scotland à l'architecture intéressante, St Helier.*

comptait pour moins de 10% du revenu global de l'île, elle est maintenant l'industrie prépondérante et a remplacé l'industrie du tourisme à cet égard. Cette industrie continue d'élargir sa gamme de services offerts au marché international.

Depuis les premiers jours où l'accent était mis essentiellement sur les dépôts bancaires et l'administration de sociétés et de fidéicommis, l'industrie s'est élargie et a diversifié la nature de ses activités pour couvrir les titres en dépôts, les opérations de trésorerie, les émissions d'actions, l'assurance captive et une multitude d'autres services bancaires d'investissement, d'assurance comptable et juridique.

En mars 2004, il y avait 51 sociétés bancaires licenciées détenant £156 milliards, plus de 664 caisses de placements collectifs avec des avoirs dépassant £96 milliards: plus de 25 cabinets juridiques: plus de 50 cabinets d'expertise comptable y compris les cinq sociétés les plus importantes sur le plan international: plus de 20 compagnies d'assurance et plus de 200 sociétés fiduciaires. Si on comptabilise la totalité des capitaux gérés à Jersey on arrive à plus de £400 milliards, ce qui pour une île de 116 km2 et une population d'environ 90.000 habitants est une somme considérable. Plus de 30.000 sociétés sont enregistrées à Jersey et entre 2500 et 3000 nouvelles sociétés sont créées chaque année.

Le bénéfice que Jersey tire de son statut de centre international de la finance est aussi partagé par d'autres communautés. On estime que des £400 milliards en capitaux gérés à Jersey plus de £300 milliards sont investis dans ou par l'intermédiaire de la City et Jersey complémentaire de multiples services financiers assurés dans la City. L'île apporte aussi son concours aux places financières européennes comme Zurich, Francfort et Genève.

Dans le passé, Jersey a été décrite comme « petite Suisse », et cela reste une bonne définition. Elle a aussi été appelée « la City offshore de la Grande-Bretagne », ce qui est également pertinent. Jersey

*Broad Street, St Helier au XIXe siècle.*

est aussi consciente de la nécessité de se conformer aux standards internationaux, ne serait-ce que pour assurer son avenir à long terme, mais comme d'autres juridictions, elle protège par ailleurs ses intérêts économiques.

L'île poursuivra son action contre le blanchiment d'argent et l'utilisation abusive de ses services par des fraudeurs, et continuera de développer sa législation commerciale afin de soutenir la croissance de son industrie de la finance face aux tendances du marché. L'objectif est de rester l'un des cinq premiers centres financiers mondiaux et d'être reconnue comme tel au sein de la communauté internationale.

On a toutes les raisons d'espérer qu'un opérateur travaillant sur un créneau spécifique du marché selon des normes internationales sera toujours séduit par la place financière mondiale. Le Sénateur Cyril Le Marquand, qu'on a cité précédemment, remarquait au début des années 1970 que « la confiance est ce qui compte » quand il s'agit de défendre les fondements sur lesquels repose l'industrie de la finance. Ce sentiment reste vrai aujourd'hui. Il y a tout lieu de croire que les investisseurs, les particuliers comme les sociétés, ont de bonnes raisons de garder autant confiance en l'avenir de Jersey comme centre financier international que dans des places financières comme la Suisse ou la City de Londres, avec lesquelles l'île peur espérer continuer à entretenir une relation d'affaires solide et complémentaire.

*Broad Street, St Helier au XXIe siècle.*

# 9

# L'HÉRITAGE CULTUREL DE JERSEY

*par Michael Day*

Les Jersiais admettent volontiers que l'île est tout à fait différente d'autres lieux. Cette différence est ressentie d'instinct: c'est ce qui fait qu'elle est unique, spéciale. Les divers traits qui la caractérisent, illustrent l'héritage culturel de Jersey. Ce caractère jersiais crée un sentiment profond d'appartenance qui unit les îliens.

L'héritage culturel de Jersey, fondé sur l'expérience partagée, possède de multiples composantes. Au cœur, il y a l'île et tout ce que vivre sur un territoire de 14,5km de long sur 8km de large signifie. Il existe un certain sens de la circonspection et d'autodétermination, de la perception des limites: un sens de l'isolement par rapport aux autres communautés, séparées et pourtant reliées à Jersey par la mer. Tandis que ces sentiments se retrouvent chez toutes les communautés insulaires, d'autres caractéristiques font que Jersey est différente et unique.

Jersey partage avec ses voisines anglo-normandes ce qui est en effet une autonomie constitutionnelle et une relation particulière avec la Couronne. Cette dernière est fondée sur une solide tradition normande doublée d'une loyauté anglaise remontant à 1204, et symbolisée par le château royal de Mont Orgueil. La culture normande, immuable, coule tel un sang distinctif dans les veines de l'île. Renforcée

*Day of Rest (Jour de repos) par Edmund Blampied, reproduit avec l'aimable autorisation des propriétaires des droits d'Edmund Blampied.*

*Récemment restauré,
l'Opéra est le plus grand
théâtre de Jersey.*

par des siècles de commerce avec le Cotentin, elle demeure évidente dans la langue, qui était, autrefois couramment parlée à une époque pas si lointaine, et encore fortement perceptible dans les patronymes des Jersiais et les noms de rues et de lieux.

Les institutions historiques et les usages – les Etats, la Cour Royale de Justice, le système des paroisses, le système judiciaire, les bureaux du Bailli, du Lieutenant Gouverneur, du Procureur Général, du Greffier, etc. – ont une histoire ancienne et illustrent la manière dont l'île est administrée de nos jours. Peu de lieux au monde peuvent dater leur administration moderne en remontant la ligne de l'histoire, jamais interrompue par les conquêtes ou la révolution, jusqu'au Moyen-Âge. L'histoire ancienne est encore manifeste ici.

Jersey tire de son histoire une expérience et une connaissance partagées. L'île a connu des époques de prospérité – le commerce de la morue au XVIIIe siècle, la construction navale au milieu du XIXe siècle, l'industrie de la finance aujourd'hui – et des époques de dépression et de privations comme la faillite bancaire de la fin du XIXe siècle et la misère des années d'occupation. Il y eut le combat de plusieurs siècles pour survivre de la terre et de la mer – et les fantastiques réussites que sont la plus belle race bovine et la plus savoureuse pomme de terre que le monde ait jamais vue et goûtée. Tout cela a particulièrement agi sur le caractère des Jersiais: loyaux et pourtant farouchement indépendants, autosuffisants et pleins de ressources. Il y a chez eux une inclination à l'insularité et à l'introspection, pourtant des siècles durant l'île a envoyé des bateaux et ses fils aux quatre coins de globe pour commercer et fonder de nouvelles communautés. Certains décrivaient les Jersiais comme des conservateurs peu disposés au changement, malgré cela ils ont toléré des confessions différentes et accepté les nouveaux venus qui se sont installés dans l'île au cours des siècles, chacun apportant sa particularité au mélange culturel existant.

Le paysage est aussi extraordinairement varié, la beauté sauvage et spectaculaire des falaises côtoie à quelques mètres plus loin l'intimité des petits chemins et des champs. C'est un paysage façonné à la fois par la nature et par les hommes – chamboulé au cours de la dernière ère glaciaire, modelé par les générations qui s'y sont installées, chacune d'elles laissant la trace de son passage et racontant quelque chose de sa propre vision du monde à travers les monuments qu'elle édifia – les dolmens à l'époque néolithique, les tout premiers lieux de culte quand les premiers chrétiens arrivèrent.

Le granite rose de Jersey, dans toute sa force et ses riches nuances, revêt une importance symbolique. Les bâtiments matérialisent le caractère de Jersey – les maisons traditionnelles en granit, les églises et salles paroissiales, les murs et les banques, les bâtiments publics de la ville, les deux grands châteaux – mille et une façons de travailler ce merveilleux matériau.

Parce que Jersey est une île, la mer fait partie de la vie des gens. Dans le calme et la tempête, elle est une source de plaisirs, de prospérité, de protection, de nourriture mais aussi de chagrin. Au cours du dernier millénaire, chaque famille jersiaise a été affectée d'une manière ou d'une autre par la mer et ses humeurs capricieuses. L'expérience de l'occupation humaine de Jersey est également à l'origine d'une mine d'objets – objets qui comptent beaucoup pour les habitants, et qui sont conservés aujourd'hui dans notre musée et nos collections d'archives. Qu'ils soient spectaculaires, comme la torque d'or ou plus humbles telle la paire de chaussettes datant de la période d'occupation, qui est faite de plus de reprises que de laine d'origine – ils ont tous à nos yeux une signification.

Les Jersiais ont également exprimé leurs expériences en commun, leur interprétation des vérités fondamentales et leurs aspirations pour l'avenir par le biais de tentatives artistiques d'une étonnante diversité pour une si petite communauté. Les exquises peintures murales qui décorent la Fisherman's Chapel, (la Chapelle du Pêcheur), semblent indiquer une tradition fertile en art religieux médiéval. Tandis qu'à partir de la Renaissance une tradition picturale se développait à travers toute l'Europe occidentale, un mouvement artistique identique émergeait lentement à Jersey, même si ses manifestations étaient postérieures à celles des régions plus peuplées et plus riches.

A partir du XVIe siècle les familles des seigneurs d'abord, les acteurs de la vie publique et des commerçants ensuite, commandaient des portraits. Le miniaturiste Philippe Jean accéda à la notoriété dans les cercles londoniens, dans les années 1780. A partir du XVIIIe siècle, la prédominance des marines, encouragées par la prospérité croissante de Jersey et le commerce international, s'exprime dans les magnifiques marines de Peter Monamy et Dominic Serres.

Les meilleures liaisons maritimes du XIXe siècle amenèrent sur l'île un flot d'artistes visiteurs, principalement de Grande-Bretagne mais aussi de France, fascinés par la beauté spectaculaire du paysage. Les châteaux Mont Orgueil et Elisabeth étaient des sources d'inspiration très en vogue. En même temps, deux artistes de Jersey voyaient leur renommée dépasser les frontières de l'île. Les aquarelles de Jean Le Capelain (1812-1848) reflètent l'influence de Turner, tandis que Philip John Ouless (1817-1885) était un peintre narratif et prolifique auteur de marines. L'île revendique aussi le grand peintre britannique, Sir John Everett Millais (1829-1896) dont la mère, jersiaise, ne put rentrer à temps pour accoucher à Jersey à cause de la tempête. Millais peignit peut être la plus célèbre toile de Jersey – Un Lys de Jersey, le portrait qu'il fit de Lillie Langtry, 1878.

Les deux artistes majeurs du XXe siècle peignirent dans des styles sensiblement différents. L'observation incisive de la vie sur son île natale inspira une vaste gamme d'œuvres à Edmund Blampied (1886-1966) et lui valurent une renommée mondiale et une profonde affection à Jersey. Claude Cahun (1894-1954) était une peintre surréaliste française qui quitta Paris en 1937 pour s'installer à Jersey. Ses œuvres défiaient les idées conventionnelles sur l'art, dérangèrent les Allemands qui l'arrêtèrent.

*L'entrée du Musée de Jersey, ancienne maison de négociant.*

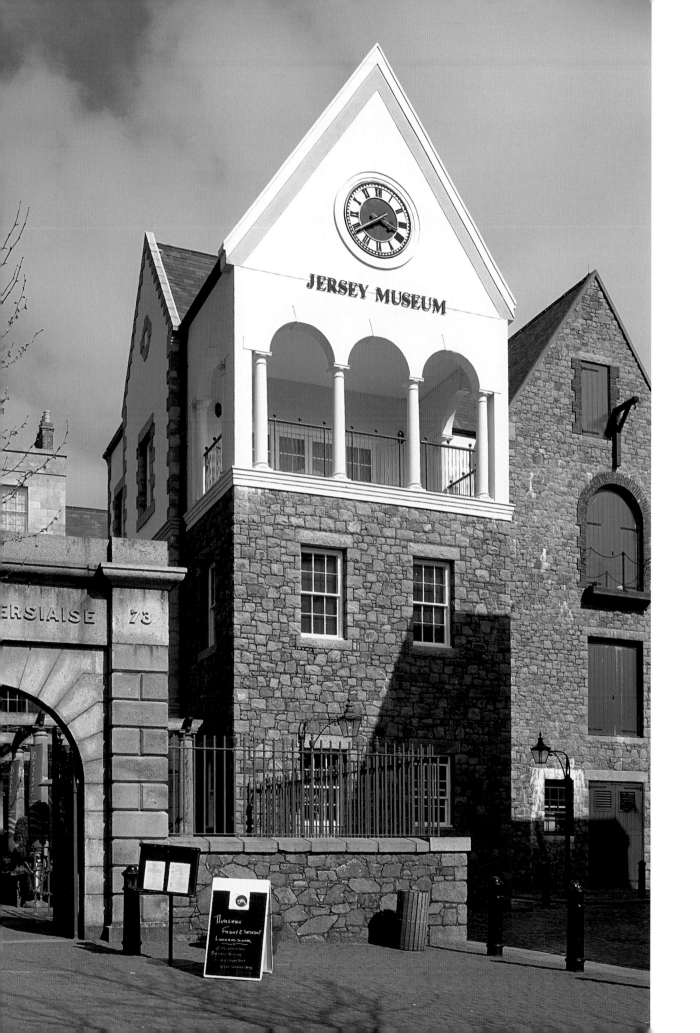

Elles sont maintenant très demandées par des galeries pour des expositions partout dans le monde.

Dans le domaine des arts du spectacle, ont été réalisés des salles de spectacle et lieux de réunion permanents, comme l'Opéra, l'un des fleurons des petits théâtres victoriens dans les Iles Britanniques, bâti en 1900 pour remplacer le 'Theatre Royal' des années 1870. Ces théâtres ont vu se produire des artistes professionnels de Jersey telles Lilly Langtry et la romancière et dramaturge Elinor Glyn, ainsi que des artistes invités (Charlie Chaplin se produisit à l'Opéra) et un grand nombre d'amateurs aux talents variés dans les domaines théâtral et musical, que l'île nous a donnés au cours des deux siècles passés.

*Autoportrait, photographie surréaliste de*
*Claude Cahun (1894–1954).*

Depuis le début des années 1980, on a assisté à une regain d'intérêt pour l'identité culturelle de Jersey. Pendant plus d'un siècle, le flambeau ne fut porté que par la Société Jersiaise, et plus tard avec l'aide du National Trust de Jersey. En 1981, les Etats fondèrent le Jersey Heritage Trust (Association pour la Conservation du Patrimoine de Jersey), organisme indépendant. Durant les deux dernières décennies, l'investissement financier conséquent des Etats dans les réalisations du Trust permit de créer un musée public et un service d'archives de renommée internationale, et une kyrielle de projets primés – notamment le nouveau Musée de Jersey, le Musée de la Marine et la Galerie de la Tapisserie de l'Occupation. Plus ample collaboration entre la Société Jersiaise, le National Trust et l'Heritage Trust donna naissance à Hamptonne, [le musée de la vie rurale], tandis que le célèbre site archéologique de la Hougue Bie était restauré. En 2000, le nouveau Service des Archives de Jersey, hébergé dans un magnifique bâtiment moderne, fut inauguré, et actuellement, la restauration du Château Mont Orgueil est en cours.

Dans les autres secteurs du champ culturel, on assista à la création de l'Arts Centre' et en 2000, à l'ouverture du St James, partiellement restauré, lieu de représentations et de spectacles, et à la restauration très réussie de l'Opéra, tant aimé des Jersiais. Dans les cinq dernières années, Jersey est devenue signataire des Conventions de l'U.N.E.S.C.O. et du Conseil de l'Europe.

Alors que Jersey entre dans le nouveau millénaire, on perçoit un réel attachement à reconnaître l'héritage culturel insulaire, toutes ces choses traditionnelles de notre passé, documents, bâtiments anciens et également, et non des moindres, nos paysages. Nous y tenons car elles sont un lien avec notre histoire et sont à l'origine de notre identité. Nous savons que, dans des périodes difficiles, en

*Sir John Millais et son plus célèbre modèle, Lillie Langtry.*

profonde mutation, ou sous des pressions extérieures extrêmes, ces témoignages lointains unissent les Jersiais, et c'est dans ces souvenirs et notre histoire partagés que nous puisons le courage de regarder vers l'avenir. Nous comprenons – et il nous a fallu presque un millénaire – que notre rôle devrait être celui de conservateur et de défenseur. Nous avons appris qu'une bonne gestion d'un héritage culturel unique peut apporter de nombreux atouts – au tourisme d'abord, à l'éducation de la jeunesse, et pour promouvoir l'idée d'un gouvernement responsable dans un monde où un haut degré

de probité est important. Nous accordons aussi beaucoup de valeur à la créativité et à l'expérience dans les arts – théâtre, peinture et littérature – qui suscitent l'inspiration et la connaissance, et nous font découvrir de nouveaux horizons tant dans notre vie personnelle que dans notre vie communautaire.

Avant tout, il nous faut être conscients de notre devoir de mémoire et de mise à disposition de cet héritage au nom des générations passées, à l'attention de nos contemporains et aux générations suivantes de ce nouveau millénaire.

# LES LANGUES PARLÉES
# À JERSEY

*par Ralph Nichols*

Les langues parlées à Jersey ont changé au cours des années et se sont diversifiées au fil de invasions avec les envahisseurs s'installant et commerçant avec les îliens. Plusieurs auteurs ont décrit ces changements, et ces quelques pages sont un résumé de leurs études.

Durant le Néolithique et l'Âge de fer, des hommes vivaient à Jersey et construisirent des tombeaux mégalithiques et des forts surélevés. On suppose qu'ils parlaient la langue celtique de la Gaule voisine, car de nombreux mots celtiques apparaissent dans le jèrriais, la langue insulaire.

Quand les Romains envahirent la Gaule, des mots latins intégrèrent progressivement la parler qui était alors caractérisé par un mélange de mots celtiques et de latin vulgaire. Les Jersiais ont probablement parlé cette langue, car il y a sur l'île des signes d'une présence romaine et beaucoup de mots sont encore usités dans le jèrriais. De plus, ils sont plus proches des mots d'origine que les mots français, cette langue est donc décrite comme langue gallo-romane. A cette époque, Jersey était appelée Andium [île entre la Bretagne et la Gaule]. Par la suite, la Gaule fut envahie par les Francs, et la région prit le nom de Francia – pays des Francs, et la langue gallo-romane reçut un apport de mots germaniques (saxons) dont un certain nombre existent toujours dans le jèrriais. Notre langue se rapprocha donc

*Réunion de course à Grouville Common le 25 juillet 1849 par P.J. Ouless.*

du francique. Cependant, les invasions saxonnes au Ve siècle entraînèrent la fuite des chrétiens de langue celtique d'Angleterre vers l'Armorique où ils s'installèrent: Armorique qui devint Bretagne. Depuis cette période jusqu'au IXe siècle, il semble que Jersey fût appelée Angiam (ou Angia) et peuplée de Bretons. Il est possible donc que notre langue ait inclus davantage de mots celtiques durant cette période.

Dans la seconde moitié du Ier siècle, Jersey fut envahie par les Vikings au cours de leur avancée dans le nord de la France. On suppose qu'ils débarquaient périodiquement sur l'île, brûlant et pillant tout sur leur passage. La toute première preuve que nous ayons d'un autre changement linguistique est visible dans les noms de rochers de la côte et dans certains noms de lieux, y compris les noms des îles. Jersey fut connue sous l'appellation Jèrri, qui provient, croit-on, d'une interprétation française du nom viking signifiant « le lieu de Gerry »: cela devint vite Gersey (Gersoi ou Jersoi). Les Vikings (ou hommes du Nord) s'installèrent dans la presqu'île du Cotentin et, par traité avec Charles le simple en 911, fondèrent la Normandie, la terre des Normands. Progressivement, notre langue se transforma, de fortement norroi en français émaillé de mots normands. Le normand et le jèrriais se développèrent et les générations suivantes les acceptèrent comme nouvelles langues romanes.

Le jèrriais devint ainsi la langue dominante de Jersey et l'île conserva pour ses habitants son nom de Jèrri. De l'autre côté de la Manche, on donnait à l'île plusieurs noms avec différentes orthographes jusqu'à ce qu'elle devînt Jersey à la fin du Moyen-Âge.

Au XIIe siècle, Wace, le poète de Jersey, composa en normand un poème épique, *Le Roman de Rou*, et Edouard I délivra des proclamations au peuple dans cette langue. Le jèrriais est très varié, même dans une zone limitée et des variantes sont encore perceptibles de nos jours. Il foisonne d'idiomes, de dictons et de proverbes et possède un vocabulaire riche d'une grande variété de nuances. De nombreux *ditons* expriment des différences d'interprétation et de compréhension des divers événements et aspects de l'environnement local. Voici quelques exemples avec leur traduction française:

Eune néthe brébis est blianche à sa méthe –Une brebis noire est blanche aux yeux de sa mère, (la beauté est dans les yeux de l'amant)

L'amour est plus fort qué dgiex bœufs – L'amour est plus fort que dix vaches, (l'amour est plus fort que tout)

Il a autant d'sou comme un crapaud à d'puches – Il a autant d'argent qu'un crapaud a de puces, (il n'a pas un sou)

La langue a suivi la décision des îliens de prêter serment d'allégeance aux monarques anglais et s'est progressivement modifiée en conséquence. Par le biais des relations commerciales croissantes avec l'Angleterre, de l'arrivée massive de troupes britanniques en garnison sur l'île (pour la défendre contre les assauts répétés des Français) et de l'importation croissante de main-d'œuvre pour construire des fortifications, davantage de mots anglais s'infiltrèrent dans la langue, bien qu'ils fussent souvent orthographiés en jèrriais.

Les relations diplomatiques nécessitaient du personnel anglophone tandis que les relations ecclésiastiques avaient besoin de membres des abbayes et églises françaises. Le français se standardisait, après une phase d'évolution différente, et il était en usage dans l'île comme langue commerciale, juridique et ecclésiastique. Les Jersiais devinrent donc trilingues.

Au début du XVIe siècle, après le Réforme, le protestantisme s'étendit à toute l'Europe occidentale. La réorganisation par Calvin de la structure de l'église et du culte plut à beaucoup en France et à Jersey, et le mouvement huguenot se développa à partir du milieu du siècle. Les persécutions des

*Gauche: des membres du département spécialement créé à La Société Jersiaise afin de préserver la langue insulaire originale, le jèrriais.*

*Droite: « Bienvenue » en anglais et en jèrriais, à l'aéroport.*

Huguenots entraîna l'arrivée de réfugiés dans l'île et l'emploi plus fréquent du français, à la fois en société et dans le commerce. Les habitants les plus riches, les plus instruits et les plus éminents de la société parlaient davantage l'anglais et le français que le jèrriais, ces deux langues ayant plus d'importance à leurs yeux dans l'éducation de leurs enfants, du point de vue commercial et social. Les offices religieux de l'église d'Angleterre se faisaient en anglais. Quand les pasteurs francophones disparaissaient ils étaient remplacés par des pasteurs anglophones.

La circonscription indépendante de Jersey fusionna avec la circonscription anglaise. L'anglais devint dominant et son emploi s'élargit des services religieux à la vie de tous les jours.

L'anglais fut de plus en plus parlé après les guerres napoléoniennes quand le personnel de l'armée anglaise et leur famille s'établirent à Jersey. Cela continua pendant tout le XIXe siècle alors que l'installation des civils dans l'île s'intensifiait.

Le premier journal local de langue anglaise parut en 1822, bien que l'on publiât aussi en français et en jèrriais. Du XVIIIe au XIXe siècle, parut plus de poésie et de prose en jèrriais, mais divers auteurs notèrent que des enfants étaient déjà éduqués en anglais dans les années 1830. On a remarqué que l'anglais était parlé plus largement dans le sud et l'est de l'île (de Gorey jusqu'à La Corbière) tandis qu'ailleurs les gens étaient trilingues. Progressivement, l'anglais était de plus en plus employé dans les foyers et beaucoup de parents cessèrent de parler le jèrriais avec leurs enfants.

Cependant, une force plus puissante contrôlait l'usage de l'anglais. Les maîtres éprouvaient des difficultés à enseigner aux élèves qui ne comprenaient que le français ou le jèrriais, l'anglais fut donc imposé pour aider les élèves à apprendre non seulement l'anglais mais aussi les autres matières. De plus, beaucoup pensaient que le jèrriais n'était rien d'autre qu'un patois et par conséquent inférieur à l'anglais et au français, selon eux, le jèrriais était du mauvais français – point de vue qui subsiste encore de nos jours.

Pendant ce temps, à la campagne, la communauté agricole changeait. Les exploitations, autrefois familiales, dépendaient davantage de la main-d'œuvre importée. Cette dernière, d'abord bretonne, devint anglaise, irlandaise et galloise, à partir de 1900, et pendant longtemps on entendait parler français, breton et gaélique dans les champs, les pubs et au marché de St Helier.

Les Jersiais se mirent à angliciser leurs noms, dans certains cas, par auto-glorification, mais aussi parce qu'ils communiquaient plus facilement si leurs noms étaient compris sans hésitation. Les noms de lieux furent progressivement abandonnés et des mots anglais apparurent au milieu des phrases en jèrriais bien que les mots jèrriais correspondants existassent. Pourtant l'anglais évoluait absorbant dans leur forme graphique de nouveaux mots qui n'avaient aucune traduction directe en français ou en jèrriais.

Le Ier Juillet 1940 et pendant cinq ans, on entendait parler allemand dans toute l'île, mais l'Occupation n'a pas entraîné un nouvel apport de mots saxons. Le jèrriais vécut cependant un renaissance. Les troupes d'occupation comprenaient le français et l'anglais mais le jèrriais était pour eux un total mystère, aussi fut-il largement employé dans les communications privées.

Après la guerre, des saisonniers de diverses nationalités arrivèrent de l'étranger pour travailler dans les fermes et l'industrie du tourisme, en particulier des Portugais de Madère. Dans de nombreux hôtels, restaurants et maisons de commerce, on entend parler le portugais mais aussi l'espagnol et l'italien. Dans les restaurants indiens, chinois et thaï, le personnel parle souvent sa langue maternelle. Il la parle entre eux mais aussi en société.

A l'école pourtant, les enfants sont éduqués en anglais et deviennent progressivement bilingues. Ils doivent aussi étudier le français et peuvent choisir une langue supplémentaire, l'espagnol, l'allemand ou le portugais.

Récemment, on a mis le jèrriais au programme des écoles primaires et de nombreux élèves suivent volontairement des cours pendant leur temps libre.

*Ce bâtiment de St Helier a sensiblement doublé sa surface pour abriter le Consulat de France et l'Office du Tourisme de Normandie.*

Les langues étrangères sont également enseignées dans différents cours du soir et des associations proposent l'étude de la langue et de la littérature de leurs nationalités, comme cela existe depuis longtemps déjà pour le français et le jèrriais. Des écoles privées de langues enseignent l'anglais et le français, et bon nombre de clubs ont été créés pour développer les dons linguistiques et musicaux. Ces groupes présentent leur héritage culturel dans divers festivals très populaires comme les festivals gastronomiques, au cours desquels une grande variété de langues s'expriment.

En plus du Lieutenant Gouverneur qui représente notre souverain – *Sa Majesté, Notre Reine, le Duc* - il y a plusieurs consulats avec leurs représentants locaux, qui d'ailleurs ne parlent pas toujours la langue du pays qu'ils représentent, la Belgique, Chypre, le Danemark, la Finlande, la France, l'Allemagne, l'Irlande, l'Italie, les Pays-Bas, la Norvège, le Portugal et la Suède.

Pour conclure, Jersey a une fascinante histoire linguistique. Les modifications subies par les langues parlées sur l'île au cours des siècles ne reflètent pas seulement l'évolution des langues elles-mêmes mais aussi la manière dont les îliens se sont adaptés, ont survécu et se sont épanouis. Ils ont en général bien accueilli et accepté les étrangers, sans faire preuve de sentiment nationaliste ou de racisme, et les immigrants à leur tour ont aidé Jersey économiquement et enrichi sa vie quotidienne.

# L'ARCHITECTURE
# À JERSEY

*Stuart Fell*

La physionomie de Jersey fait de l'île un lieu unique en son genre. Ce qui lui confère son caractère ce sont ses paysages ruraux et marins mais aussi la diversité de ses constructions humaines, ses églises, fortifications et bâtiments de ferme, ou plus utilitaires, ses ports et les murs en bordure de routes. Ces constructions ont modifié le visage de l'île au cours des siècles, mis en valeur et enrichi sa personnalité.

Les cinquante dernières années ont cependant vu, comme partout dans de nombreuses parties du monde développé, de profonds changements, dont beaucoup ne sont pas en accord avec les traditions architecturales qui ont distingué Jersey dans les siècles passés. Ce qui représente un défi pour l'avenir.

Une aura magique entoure Jersey, qui, selon les vœux de beaucoup d'îliens, persistera encore longtemps. L'impression que l'île est beaucoup plus grande qu'elle n'est en réalité, que tout a été habilement condensé de façon à créer sur une superficie relativement petite une variété étonnante d'expériences architecturales pittoresques. Quand on fait le tour de l'île, des signes du passé militaire de Jersey sont omniprésents. La présence menaçante du Château Mont Orgueil, fermement ancré à son lit rocheux, domine la ligne d'horizon et le port, nichant en contrebas. A l'opposé, le château Elisabeth a l'air de flotter dans la Baie de St Aubin, telle une petite ville en miniature, avec une succession d'allées

*Les Lumières, maison dessinée par Arthur Grayson, dans le style international, entièrement restaurée.*

séduisantes et d'espaces clos, ses ensembles rassurants de bâtiments à l'aspect étonnamment domestique, ses points de vue à couper le souffle, le tout joliment pelotonné contre un affleurement rocheux.

Les tours rondes de Jersey, datant de la fin du XVIIe siècle, sont postées telles des sentinelles le long de la côte inférieure, habillées de couleurs et de motifs éclatants et exotiques, comme pour venir en aide à la navigation. Puis, le paysage vallonné des dunes de la Baie de St Ouen se déploie en contrepoint abrupt du complexe abandonné et énigmatique des fortifications allemandes en béton qui ont brutalement coupé les dunes de la mer. La profusion, la variété et le spectacle sont les caractéristiques récurrentes de l'environnement bâti de Jersey.

L'utilisation des matériaux de construction et des couleurs a eu une influence envahissante sur la physionomie de l'île, particulièrement à la campagne. Jusqu'à une époque relativement récente, la palette des matériaux disponibles était limitée au granite, au schiste et à l'enduit pour la construction des murs, et au chaume, à l'ardoise et à l'argile pour la couverture des toits. La brique était peu utilisée jusqu'au XIXe siècle, et rarement pour les bâtiments de qualité. Le bois de charpente semble avoir toujours été rare et son usage était parcimonieux. La construction à colombage qu'on voit un peu partout en Angleterre, et en France toute proche, est donc inconnue ici.

L'emploi des matériaux naturels dans la construction des premières fermes donne inévitablement l'impression que ces bâtiments sont une émanation du paysage. On peut en admirer le plus bel effet dans la Baie de St Ouen, où des cottages et des fermes sont restés pratiquement intacts et se fondent naturellement dans le paysage environnant. Même de nos jours, on pourrait apprendre beaucoup de l'harmonie naturelle ainsi obtenue par l'utilisation des matériaux de construction appropriés.

Jusqu'au XVIIIe siècle, peu de bâtiments étaient conçus dans le sens où nous l'entendons aujourd'hui. L'usage de concevoir et de construire les maisons et les fermes n'a évolué que très progressivement et

*"Seaview", Ferme jersiaise typique, avec ses bâtiments datant du XVIIe au XIXe siècle.*

c'était des artisans locaux qui bâtissaient de façon tout à fait improvisée. Les formes des constructions étaient simples, avec de solides pierres d'angles pour renforcer les coins. Les ouvertures des portes et fenêtres étaient petites et n'étaient pas agencées dans

le but de créer un effet architectural, les cheminées étaient en général des éléments importants. Les matériaux de construction avaient une influence décisive. Le granite de Jersey est un matériau dur à travailler qui se prête mal à l'ornementation.

Le travail ornemental, par exemple sur les pierres d'union, les encadrements de portes et de fenêtres et les cheminées, offre un contraste révélateur par rapport à la rusticité de l'ensemble peu ouvragé du bâtiment.

Pendant les XVIIIe et XIXe siècles, les îliens s'enrichirent et avec la fortune, leurs goûts se raffinèrent, parallèlement l'influence anglaise primait de plus en plus en matière d'architecture, on construisait des façades plus hautes, plus régulières, les fenêtres carrées à battants laissant place aux grandes fenêtres à guillotine. Au milieu du XIXe siècle, la plupart des façades des maisons, neuves ou anciennes, étaient couvertes d'un bel enduit incrusté et enjolivé imitant la pierre afin de dissimuler, croyait-on alors, la maçonnerie quelconque et grossière. La transformation des façades des maisons jersiaises au cours des deux derniers siècles offre une image fascinante des changements de la société.

Historiquement, les influences architecturales sont venues du Nord de la France et d'Angleterre. On trouve de vieux cottages qui seraient tout à fait à leur place sur la côte bretonne, et des maisons en terrasse du XIXe siècle à St Helier, semblables à celles qu'on voit dans de nombreuses villes anglaises. Mais ces influences extérieures ont fusionné pour donner un style jersiais distinctif. Prenons les fenêtres par exemple. Le type courant de fenêtre des bâtiments domestiques était la paire de fenêtres à double châssis à la française. Vers la fin du XVIIe siècle, la fenêtre à petits carreaux employée presque partout en Angleterre, avait été largement adoptée. Mais à la fin du XIXe siècle, Jersey avait mis au point un modèle hybride – une fenêtre à guillotine à l'anglaise, mais avec un croisillon vertical très large, généralement à coulisse, au centre de la fenêtre. Vu de loin, ce style donne l'impression de fenêtres à battants à la française.

On admirera également l'adresse des artisans plâtriers qui décorèrent de nombreux bâtiments du XIXe siècle, notamment de gracieux porches et chambranles de portes en ciment, simulant des branches d'arbres, et des pierres d'angle enduites, ornées de minuscules éclats de granite rose et gris, telles des pierres précieuses. Ce genre de détails excentriques, bien souvent ignorés ou considérés comme allant de soi, accentue le caractère particulier de l'architecture insulaire.

Et qu'en est-il de l'architecture moderne? La construction traditionnelle de Jersey, harmonieuse et sage, utilisant des matériaux et des styles courants, continua durant une bonne partie du XXe siècle. Ensuite, on a quelques surprises. L'église St Matthew à Millbrook, connue plus familièrement sous le nom de 'Glass Church', église de verre, fut remodelée par l'architecte local Arthur Grayson. L'intérieur est froid et austère, et complète parfaitement la gamme étonnante d'éléments de verre de René Lalique dont beaucoup ont pour thème le lys.

A peu près à cette époque, il semble que Jersey ait adopté le 'Style international', caractérisé par des bâtiments aux formes géométriques simples, des toits plats, des fenêtres horizontales constituées de châssis métalliques et de murs lisses enduits de blanc. La maison la plus célèbre de cette période est 'Les Lumières' à St Brelade, récemment restaurée, dessinée par Grayson en 1932. Mais le terminal de l'aéroport, construit en 1937 selon un plan de Graham Dawbarn, et plus tard modifié et agrandi, est probablement le bâtiment le plus familier de cette époque. Un autre exemple parmi beaucoup d'autres moins connus de ce style et qui méritent d'être plus justement reconnus est la station service sur la grande route intérieure à First Tower, l'une des rares constructions conçues pour un usage précis à subsister dans les Iles Britanniques.

Du point de vue architectural, les années d'après guerre furent décevantes. Suivant la tendance partout en Europe, beaucoup de bâtiments historiques de Jersey furent balayés et remplacés en majeure partie par des nouvelles constructions médiocres. L'héritage de ces années, en particulier les parcs de stationnement à étages et les tours, défigurent encore l'image de St Helier. C'est un défi qu'on se doit de relever avec imagination et confiance si l'on veut que la ville retrouve son équilibre architectural. Récemment, des architectes nous ont donné des exemples rassurants de leur appréciation des qualités particulières des traditions insulaires et de leur manière de les adapter au style contemporain. L'aménagement de Church House

*Rockview, maison excentrique, originale du XIXe siècle, aux charpentes bien conservées, et sa décoration en ciment.*

en 1969, tout près de Town Church à St Helier, en est un tout premier. Le bâtiment d'Amy & Son au coin de Halkett Place en est un autre. Ces dernières années, quelques nouveaux bâtiments impressionnants comme la Royal Bank of Scotland dans Bath Street, Liberté House dans La Motte Street et le bâtiment des Archives sur Clarence Road ont vu le jour.

En architecture, Jersey se situe maintenant à un moment décisif. L'île possède un style unique et caractéristique reflétant clairement deux éléments apparemment contradictoires du caractère jersiais: un attachement farouche à l'histoire et aux traditions insulaires, associé à une nature aventureuse, consciente des influences extérieures et du besoin d'innover. Il est donc essentiel que Jersey reste déterminée à garder le meilleur de son patrimoine architectural tout en encourageant le style contemporain quand il fait manifestement preuve de qualité exceptionnelle qui sied tant à cette île unique.

# 12

# HISTOIRE NATURELLE

*par Michael Freeman*

La mer a une influence considérable sur l'île et quiconque ayant vu les effets des vents marins même dans les terres peut le confirmer. L'ouest de Jersey qui est le plus balayé par les vents d'ouest dominants, est le meilleur exemple de l'histoire naturelle insulaire.

La plupart des habitats sont aisément imputables aux transformations d'origine humaine et au climat océanique, à la topographie et à la géologie. L'île a une déclivité nord-sud, fortement marquée par des vallées aux pentes abruptes parcourues de ruisseaux et bien que la majeure partie de l'île bénéficie d'un climat doux et sec, les falaises exposées au nord sont plus froides et plus arrosées et, dans l'intérieur des terres on note de nombreux habitats humides et ombragés. La position géographique de Jersey, proche d'une masse continentale de laquelle elle s'est séparée à une époque relativement récente, et située sur la ligne de partage entre les zones tempérées et les zones méditerranéennes, explique la présence de plantes et d'insectes intéressants. Cependant, le nombre assez important d'espèces rares est partiellement dû au fait qu'elles sont recensées dans le contexte du Royaume-Uni - l'île étant territoire dépendant du Royaume-Uni - et non pas de la France.

La topographie, la géologie, le climat et l'influence humaine ont été réunis pour produire une grande variété d'habitats. La capacité du paysage, même si elle est à terme limitée, d'intégrer un grand nombre de constructions sans effets néfastes sur l'environnement, en apparence du moins, est extraordinaire. Au centre

*Le Château Elisabeth et, à sa gauche, le Rocher de l'Ermitage, maison de St Helier.*

et à l'est, les terres arables, qui occupent plus des trois quarts de l'île, bénéficient d'un sol profond et fertile: les versants abruptes et incultes des vallées sont quant à eux constitués d'un ensemble boisé de chênes, de châtaigniers et de frênes. Le sycomore est un élément important des bois: l'orme, en revanche a presque disparu depuis l'apparition de la maladie parasitaire de l'orme dans les années 70 et 80.

La gestion des espaces boisés de l'île, assurée par le Conseil consultatif sur les arbres de Jersey a pour mission de développer une variété d'essences d'âges multiples, offrant des conditions d'ombre et de lumière propices au développement d'une flore et d'une faune des bois diversifiées. L'espace boisé le plus étendu, ouvert au public est dans le nord-est. Les bois de St Catherine ou bois du Rozel sont un lieu agréable et contrasté, traversé par une petite rivière.

Les écureuils furent très probablement introduits vers la fin du XIXe siècle. Un travail considérable a été récemment mené sur l'écologie et la répartition de cette espèce fascinante: des efforts sont actuellement en cours pour valoriser son habitat.

On ne trouve pas de gros mammifères à Jersey. Pendant des années , les taupes étaient abondantes et à une époque, de sérieux efforts furent entrepris pour contrôler à la fois les taupes et les hermines au moyen d'une prime. Une hermine avait la valeur de quatre taupes. Alors que la taupe est encore courante, l'hermine a, comme on le suppose, disparu: peut-être en raison de la prolifération des putois sauvages. Un autre petit mammifère intéressant est la petite espèce de musaraigne aux dents blanches qu'on ne rencontre pas au Royaume-Uni. Au fond des vallées intérieures, les prairies humides qui se sont formées quand les petits cours d'eau ont été canalisés pour fournir de l'énergie aux moulins à eau, sont encore riches en fleurs sauvages. Cependant, les changements des pratiques agricoles font que de nombreux prés, autrefois fauchés pour le foin et mis en pâturages, sont aujourd'hui négligés et broussailleux. Le cerfeuil sauvage est très rare à Jersey: toute ombellifère blanche que vous croiserez est probablement la grande ciguë ou ciguë officinale [conium matulatum] ou la berse commune, l'angélique sauvage [heracleum sphondylium].

*Gauche: un écureuil roux – l'un des plus beaux mammifères rongeurs.*

*Droite: Le lézard vert de Jersey, introuvable à l'état sauvage au Royaume-Uni … .*

Il y a en réalité deux réseaux routiers à Jersey. Avant que l'armée britannique ne construisît le réseau routier rayonnant depuis St Helier, au début du XIXe siècle, les chemins étaient apparemment étroits, sinueux et boueux par temps de pluie. Ils se sont développés au cours des années et, comme dans la description de Chesterton [Gilbert Keith Chesterton, 1874-1936, essayiste, romancier et critique anglais] pourraient être justement surnommés les « routes vallonnées de Jersey. »

Aujourd'hui, les routes militaires constituent le réseau routier principal, encombré par la circulation, mais les quelque 322 kilomètres de petites routes secondaires sont généralement calmes et variées. Les propriétaires des terrains bordant les routes sont tenus de tailler la végétation, une coutume connue sous le nom de *branchage* [en français dans le texte]. Les zones ombragées et ensoleillées permettent à une grande diversité de plantes de prospérer, depuis la sibthorpie de Cornouailles, se plaisant en milieux ombragés et humides, en passant par la stellaire holostée [ou collerette de la Vierge] et le poireau triangulaire, jusqu'aux lychnis rose omniprésent et la buglosse à feuillage persistant. Des espèces comme la fraise des bois et la violette y croissent également très bien. Le contraste entre les falaises de la côte nord, humides, fraîches et plus ombragées, et les falaises ensoleillées et plus arides du sud-ouest – de La Corbière à Noirmont – s'exprime dans les différentes espèces végétales qu'on trouve dans ces habitats à première vue identiques: au sud-ouest, la liste [ou hélianthème] originaire d'Europe méridionale: au nord, l'airelle, plante poussant habituellement au nord dans les landes et les montagnes. Dans le sud-ouest et à l'extrême pointe occidentale de la côte nord, se développe la scabieuse tronquée dont, paraît-il, le diable, envieux de leur pouvoir curatif, a goûté les racines. Il ne faut pas cependant la confondre avec la fausse scabieuse, plus commune et à première vue semblable, qu'on appelle curieusement *flieur au dgîabl 'ye,* 'fleur du diable' en normand de Jersey.

Au printemps, ne manquez pas l'occasion d'une promenade sur le sentier de randonnée le long des falaises, de Corbière à Noimont, avant que la chaleur estivale ne dessèche la couverture végétale, là ,une mosaïque bariolée de genêt, de lychnis de mer, d'oreilles de chat [hypochoeris radicata], de chrysanthèmes des prés, de glauques, de mille-pertuis rampant, de statices, et un peu plus tôt en saison, de délicats crocus des sables dans leurs infinies variétés, y enchante et repose le regard.

La fin de l'été est le meilleur moment pour explorer les falaises de la côte nord, par le sentier de randonnée entre les Landes à l'ouest, une vaste lande côtière offrant un superbe panorama quand la bruyère est en fleurs, et le Rozel à l'est. Le profil spectaculaire des falaises couvertes de fougères là où le sol est plus profond, et d'ajoncs et de bruyère là où il est léger: la mer et ses reflets changeants selon les fonds, les grèves et les petites criques que des oiseaux de mer survolent en tournoyant et criant: et un vallon que l'on rencontre au hasard de-ci de-là, procurent au promeneur une expérience multiple et gratifiante. La jonquille des

bois est ici dans son élément, elle croît également dans les bois à l'intérieur de l'île, et on peut facilement la confondre avec les nombreux bulbes provenant des champs tout proches.

Les falaises sont le lieu idéal pour observer les oiseaux marins: au nord-ouest niche une colonie de macareux, de fulmars et de petits pingouins. Sur les falaises on peut repérer des cormorans et des cormorans huppés. Quelques grands corbeaux nichent aussi dans les rochers. Les Blanches Banques et Les Quennevais, restes d'un système dunaire qui couvrait autrefois presque la totalité de la pointe sud-ouest de l'île, constituent encore un ensemble primordial sur le plan international et est classé comme S.S.I. – site d'intérêt scientifique (ce qui équivaut à S.S.S.I. au Royaume-Uni – site d'intérêt scientifique spécial.)

Quoique stabilisées maintenant par les murs de défense construits le long de la Baie pendant l'Occupation, les Blanches Banques, avec sa colonie unique de plus de 400 espèces végétales et sa grande diversité d'invertébrés, y compris la sauterelle bleue et le grand grillon vert des buissons, reflètent la situation géographique de l'île. Le chant des sauterelles les soirs d'été apporte une touche très méditerranéenne. C'est dans les zones sableuses que l'on peut observer

*Gauche: la grenouille agile, endémique à Jersey.*

*Droite: Le campagnol des berges, proie des chouettes effraie et des faucons crécerelles, est unique à Jersey.*

plus facilement le ver luisant dont les lueurs vertes, sinistres, ignorées des automobilistes passant à vive allure, brillent aux bords des routes les soirs d'été.

Les dunes sont aussi le fief du lézard vert, Lacertus viridis, inconnu au Royaume-Uni, mais très répandu sur les côtes ouest et sud, et en partie sur la côte est de l'île. Excepté l'orvet, il y a à Jersey deux espèces de lézards: le lézard des murailles qu'on peut aisément apercevoir sur les murs du Château Mont Orgueil, sa répartition est beaucoup plus limitée que celle du lézard vert. Une autre petite zone dunaire, l'Ouaisné Common [longeant la Baie de Ouaisné] est l'un des derniers espaces naturels insulaires où se reproduit la grenouille agile, amphibien également introuvable au Royaume-Uni. Ce terrain envahi de ronces abrite aussi des fauvettes pitchou et des tariers pâtre. La Baie sableuse est propice aux divers échassiers bien que la côte est soit vraiment le lien idéal pour les oiseaux limicoles, attirés par l'immense zone intercotidale riche en nourriture. Un autre amphibien, le crapaud commun, était autrefois si courant que le Jersiais était surnommé « crapaud ». Autant qu'il m'en souvienne, on disait qu'il était impossible de récolter des pommes de terre sans empaler un crapaud, pourtant aujourd'hui, ils se font de plus en plus rares et se trouvent principalement dans les mares des jardins.

La mare de St Ouen est la plus grande réserve d'eau douce: les eaux y sont peu profondes avec un lit de roseaux, refuge précieux pour les oiseaux migrateurs et les oiseaux de la région qui viennent s'y reproduire. Tout proche de là, il y a le Noir Pré, pré où croissent des orchidées sauvages y compris la Laxiflora ou orchidée de Jersey. Le spectacle des orchidées en fleurs atteint son paroxysme entre mai et juin quand le pré est ouvert au public par le National Trust de Jersey.

Ce texte n'est qu'un bref résumé de l'histoire naturelle d'une île que Victor Hugo a décrite comme « une vision d'un Eden ». On recommande fortement à tout lecteur intéressé la lecture de l'ouvrage de Frances Le Sueur *A Natural History of Jersey* [en anglais] qui, bien que publié en 1976, reste le meilleur guide général sur le sujet.

# LES ORIGINES DES JERSIAIS

*par Roy McLoughlin*

Une pierre gravée sur la façade du bâtiment des Etats à Royal Square porte le nom de Maistre Wace, poète et chroniqueur normand du XIIe siècle. Il naquit à Jersey quand l'île et son peuple faisaient partie du Royaume anglo-normand depuis l'époque de Guillaume le Conquérant. Wace clamait être avant tout un Jersiais. L'inscription gravée dans la pierre en vieux français affirme fièrement: « Jo di è dirai ke jo sui Wace de l'isle de Guersui (Je dis et dirai que je suis Wace de l'île de Jersey.)

Presque neuf cents ans se sont écoulés et le creuset démographique constituant la population locale a inclus tout d'abord les Normands, puis les Anglais, les Ecossais, les Gallois, les Irlandais et les autres qui s'implantèrent et devinrent jersiais d'adoption au fil du temps. De nos jours, on note dans l'annuaire téléphonique la continuité de la lignée normande avec des noms comme de Gruchy, Bailhache, Le Quesne, de Carteret, Mauger et Poingdestre, parmi d'autres.

Pourquoi et comment s'est produite cette immigration multiple ?. Nous devons en rechercher les causes dans le singulier canevas historique de l'île. La première influence suivit les mouvements de troupes entre l'Angleterre et ses territoires continentaux. Plus tard, l'île fut souvent un refuge pour les victimes des persécutions religieuses, de la révolution et de la guerre. Finalement, des entrepreneurs de diverses nationalités ont vu dans l'île des opportunités

*La pêche aux crustacés, industrie importante de l'île.*

*Miss Bataille de fleurs
2002, Maria da Silva et
sa demoiselle d'honneur,
Natasha Egre, et un
admirateur.*

*Droite: Réception dans les
jardins de la résidence du
Gouverneur, St Saviour.*

commerciales au sein d'une communauté stable sous la protection de la Couronne britannique.

A l'époque de la naissance de Wace, le peuple de Jersey subissait les bouleversements consécutifs aux disputes entre clans rivaux au sujet de l'empire normand. Le territoire revendiqué s'étendait de la Normandie à l'Anjou, la Gascogne et l'Aquitaine au sud – le gouvernement, faible, du Roi Jean conduisit quelques années plus tard à la perte de ce territoire. En 1204, les Iles Anglo-Normandes demeuraient les seules possessions continentales, ce qui donna le coup d'envoi à un afflux de troupes anglaises pour leur défense.

L'une des premières conséquences du mélange de l'anglais et du normand fut l'apparition de patronymes comme l'Anglois (orthographe médiévale de l'Anglais) devenu maintenant plus proche de l'original: Langlois, très répandu sur l'île de nos jours.

En quittant l'île pour aller se battre ailleurs, les Anglais laissaient souvent derrière eux une Jersiaise et un enfant, peut-être était-elle mariée, et l'épouse adoptait le nom de l'homme commençant ainsi une lignée d'îliens anglais. Il arrivait aussi que des Anglaises devinssent des épouses jersiaises. A l'époque Tudor, de tels mariages permettaient de monter dans l'échelle sociale jusqu'aux familles influentes de Jersey. Margaret, fille du Gouverneur de Jersey, l'Amiral Harliston, épousa Philippe de Carteret, Seigneur de St Ouen. Les seigneurs et leurs familles formaient la noblesse de l'île, quelques uns étaient jurats à la Cour Royale de Justice, beaucoup étaient diplômés d'Oxford. Une influence anglaise à tous les niveaux contribua ainsi à modifier le caractère de la population. La famille Poulet du Devonshire, Hugh, Amyas et Anthony, furent tous trois Gouverneurs de Jersey au XVIe siècle et liés par leur mariage à la hiérarchie insulaire.

Durant les cent trente années qui s'ensuivirent, Jersey allait devenir un havre pour les réfugiés. Les Huguenots français furent les premiers à trouver asile dans les îles normandes, après l'Edit de St Maur, interdisant les offices religieux calvinistes

et menaçant de mort les fidèles et les ministres du culte protestant. Le Duc de Vendôme, ancien Gouverneur de Bretagne, arriva en 1640 avec ses partisans bretons. Il fuyait ceux qui l'accusaient de faire partie d'un complot visant à empoisonner le Cardinal de Richelieu.

A l'époque de la Révolution française, des réfugiés, principalement des aristocrates et leur suite, arrivèrent sur l'île dans une flottille hétérogène de petites embarcations, y compris des bateaux de pêche. La population de Jersey semblait alors plus française qu'aux XIIe et XIIIe siècles quand elle était constituée d'un mélange d'Anglais et de Normands.

La population jersiaise connut une nouvelle vague d'immigration au début du XIXe siècle quand les liaisons maritimes avec l'Angleterre s'améliorèrent grâce aux vapeurs transportant non seulement les voyageurs et le courrier mais aussi les marchandises périssables. Les fermiers jersiais avaient toujours expédié une partie de leur production vers l'Angleterre par voiliers, mais les vapeurs étaient plus rapides et plus fiables. Le printemps précoce dans les Iles Anglo-Normandes permettaient aux fermiers d'envoyer leurs productions sur les marchés du continent trois semaines avant leurs homologues anglais.

Il ne fallut pas attendre longtemps pour que la demande d'ouvriers agricoles ne se développât et attirât sur l'île des centaines de Bretons qui devinrent vite des résidents permanents, épousèrent des Jersiaises et fondèrent des familles. Ce qui introduisit un élément supplémentaire dans la population insulaire. Ainsi des noms comme Clément Le Breton figurèrent de plus en plus souvent dans les registres et les journaux.

Regardant plus de mille ans en arrière, les historiens remarquent que les habitants originaires de Normandie et de ses îles étaient majoritairement scandinaves. Aux VIIIe et IXe siècles, les Vikings mirent le cap au sud et pillèrent les régions côtières d'Europe occidentale. Quand un chef viking, Rollo remonta la Seine en direction de Paris avec sa flotte de drakkars, le roi franc, Charles Le Simple, chercha à arrêter l'invasion de ses territoires en offrant sa fille en mariage à Rollo et lui donna sa terre à l'entour de la Seine ainsi que le titre qui lui correspondait - Duc de Normandie ou de la terre des Normands.

La lignée normande ne s'est jamais éteinte à Jersey comme l'attestent les patronymes actuels, malgré l'afflux d'Anglais, de Français et d'autres nationalités y compris les Portugais plus récemment. Les nouveaux venus tels les Français et les Anglais pourraient enfin se considérer comme des Jersiais, du moins potentiels, mais, comme ils le disent eux-mêmes il faut au moins trois générations pour qu'une famille soit assimilée.

Sur une île de 116 km2, une population en augmentation constante doit à terme se voir imposer un seuil limite. L'augmentation de la population naturelle et locale, gonflée par l'immigration a créé une croissante démographique atteignant des proportions énormes. Il y a deux cents ans, fin XVIIIe siècle, quand la population atteignait un peu plus de 20.000 habitants, les immigrés s'installaient à Jersey assez facilement. De nos jours, ce chiffre est multiplié par quatre. Le recensement de 2001 le fixe à 87,186.

Après les guerres napoléoniennes, on dénombrait 22,855 habitants. En 1851, le chiffre était passé à 57,020, cette augmentation s'explique par l'arrivée de familles anglaises de la classe moyenne et d'officiers de l'armée en retraite, à la recherche d'un climat doux et agréable et d'un coût de la vie moins élevé. L'intégration de ces nouveaux immigrés dans la population locale semble avoir créé une lignée vigoureuse et leurs origines mêlées ont peut-être une influence dynamisante.

Les vrais Jersiais sont ceux qui ont un caractère et des ancêtres remontant jusqu'aux Normands, ces gens qui cultivaient la terre, naviguaient sur tous les océans et qui, aux XVIIIe et XIXe siècles, ont bâti un empire qui fit la renommée de Jersey dans le monde du commerce.

*Ci-dessus: Le Bailli s'adressant à Sa Majesté à Howard Davis Park en 2001.*

*Droite: Un après-midi venté aux courses des Landes, St Ouen.*

# 14

# CONCLUSION

*par Peter Hunt*

Quand on explore l'histoire de Jersey on ne peut que noter le passé extraordinairement riche et mouvementé de cette petite île. Jersey a étonnamment toujours su trouver des sources nouvelles de revenus pour remplacer celles qui disparaissaient. Actuellement, l'industrie de la finance préside aux bonnes fortunes de l'île, mais cette dernière à son tour peut un jour décliner et Jersey devra à nouveau se diversifier. A juger ses performances passées, il y a toutes les raisons de penser qu'elle y parviendra.

Le caractère et la ténacité de son peuple ont toujours été les traits dominants tout au long de l'histoire de Jersey. Dans les périodes d'extrême pauvreté, quand les gens sans emploi s'embarquaient vers des terres lointaines, subsistait un noyau dur d'hommes pour cultiver la terre ou développer le commerce. Ces gens d'origine normande ont absorbé des multiples vagues d'immigrés qui, en retour, ont apporté leur propre culture et leurs compétences, enrichissant ainsi le vie de Jersey.

Jersey est bénie des Dieux pour son climat doux, son environnement marin et agricole. Cependant, ces cadeaux de la nature exercent en même temps une pression engendrant des problèmes de contrôle de la croissance démographique, de gestion des services publics et de perte de terres agricoles au profit de l'immobilier. Tels sont les défis que doivent relever les administrateurs de l'île, s'ils veulent éviter qu'« une vision d'un Eden », au charme et au caractère unique, ne soit envahie par le béton.

Une île, dont le coût de la vie était notoirement inférieur de moitié à celui de la Grande-Bretagne, a maintenant un coût de la vie, un taux d'inflation et un niveau de vie plus élevés, et bénéficie de services publics sans pareil, tels que la santé et l'éducation. Cependant, en appliquant une politique de prix forts, Jersey prend le risque d'être distancée sur les marchés touristique et agricole concurrents. La question primordiale qui se pose aux Etats est donc comment conserver un haut niveau de vie comme place financière offshore stable, une économie équilibrée tout en contrôlant l'immigration. Les Etats sont conscients de la nécessité d'équilibrer ces facteurs et ont pris des mesures pour freiner la démographie, réduire les dépenses publiques et requérir des études sur la gouvernance de l'île.

En 1951, G.R. Balleine conclut son histoire de Jersey, qui fait autorité en matière d'histoire jersiaise, par une citation de John Oxenham, auteur qui a situé quatre de ses romans à Sercq, –

> *Le monde est dans le chaudron*
> *Ce qui fut, rend peu à peu le dernier soupir:*
> *Et ce qui restera quand il refroidira,*
> *Personne ne peut avec certitude le dire.*

*La statue de la Libération par Philip Jackson, Liberation Square, St Helier.*

# LES AUTEURS

*Sir Philip Bailhache*

Sir Philip Bailhache fit ses études à Charterhouse et à Pembroke College, Oxford. En 1972, il fut élu député de Grouville aux Etats de Jersey et siégea dans plusieurs commissions avant de démissionner à la suite de sa nomination au poste de conseiller juridique de la Couronne en 1975. En 1986, il fut nommé Procureur général de Jersey et en 1989 devint conseiller de la Reine. En 1994, fut promu Bailli Adjoint et l'année suivante devint Bailli de Jersey. Il fut élevé à l'ordre de chevalerie en 1996. En 2003, il devint membre honoraire du Conseil de Middle Temple [l'une des quatre écoles de droit de Londres]. De nombreuses années durant, Sir Philip fut Président du Comité exécutif du Jersey Arts Council [Conseil supérieur des Arts]. De 1987 à 1989, il présida ce conseil et en est membre d'honneur à vie.

*Simon Bossy, BSc MSc PhD*
*[Licence, Maîtrise, Doctorat es Sciences]*

Simon Bossy est né à Jersey et a passé toute sa vie proche de la mer. A part Jersey, il a travaillé dans le domaine maritime en France, à l'Ile de Man et à Anglesey. Ancien Président du Département de biologie marine à la Société Jersiaise, il est actuellement Conseiller pour la pêche au Département de l'Agriculture et de la pêche, et est très actif dans ce qui a trait au milieu marin de Jersey.

*Michael Day*

Michael Day fut nommé en 2003 Administrateur en chef des Palais royaux historiques. De 1987 à 2003, il occupa la fonction de Directeur du Jersey Heritage Trust, période durant laquelle le Trust a mené à terme plusieurs projets qui ont été primés; il a actuellement sous sa responsabilité le Musée de Jersey, les Archives de Jersey, Mont Orgueil, le Château Elisabeth, Hamptonne, La Hougue Bie, le Musée de la Marine, la Galerie de la tapisserie de l'Occupation et la Galerie Sir Francis Cook. Michael Day est membre de l'Association des Musées, de la Royal Society of Arts [Commission supérieure des arts] et de l'Institut de Management.

*R. Stuart Fell, Dip. Arch. RIBA – diplômé*
*de l'Institut Royal d'Architecture.*

Stuart Fell est architecte de formation et a travaillé comme Inspecteur de l'urbanisme pour le gouvernement britannique avant de s'installer à Jersey depuis 1995. Il est Directeur Assistant à la Commission de l'Urbanisme et de l'Environnement et Conseiller dans les domaines du design et des bâtiments historiques, ses sujets de prédilection. Il donne de nombreuses conférences sur l'architecture, insistant sur les critères de qualité en matière de développement et sur le respect de l'identité locale: il est membre actif de la Société Jersiaise.

### Michael Freeman

Né à Londres en 1946, Michael Freeman reçut une formation de métreur mais devint plus tard musicien professionnel. Il arriva à Jersey en 1971 et travailla comme gardien de green avant de rejoindre en 1980 la Commission pour le Développement de l'Ile. Il obtint son diplôme au Centre national d'enseignement par correspondance en 1989, et fut nommé écologiste au Département des Services de l'Environnement quand il fut fondé en 1996. Ancien Président du Comité sur les Terres au National Trust de Jersey, il fut membre du Bureau exécutif de la Société Jersiaise; Michael Freeman est membre actif du Département de botanique. Il habite à St Helier avec sa compagne (poétesse), leurs deux enfants et deux lapins.

### Peter Hunt

Peter Hunt est membre de la Société Jersiaise depuis quatorze ans. Il a beaucoup écrit sur la Société pour le Jersey Evening Post et des magazines locaux. Il est l'auteur de trois ouvrages sur Jersey pour la Société Jersiaise, *A Guide to the Dolmens of Jersey* [en anglais]: *Un Précis historique de Jersey* et *A Living Society* [en anglais], histoire de la Société Jersiaise dans les années 90. Peter Hunt vit à St Ouen.

### Roy McLoughlin

Roy McLoughlin est l'auteur de chroniques pour le Groupement des Journaux associés, le Daily Express, le Jersey Evening Post, l'Islander, Inside Jersey, et également de chroniques radiophoniques pour la B.B.C. Il a publié *Living with the Enemy: The Sea Was Their Fortune* et dans la série de la Société Jersiaise, *Stewards of the Media*. Roy McLoughlin vit à St Helier.

*Dr Ralph Nichols, PhD*

Ralph Nichols est professeur et géologue en retraite. Il est membre de la Société Jersiaise depuis de nombreuses années et en particulier des Départements d'Archéologie, de Géologie et de jèrriais, auxquels il apporte sa contribution dans la recherche et l'édition. Il a publié *St Lawrence, Jersey, A Celebration of our Parish* [en anglais]: *Les Preunmié Mille Mots'*: et *Jersey Geology Trail*, en cours de publication.

*Colin Powell, MA, CBE, [Maîtrise de lettres; Officier de l'Ordre de l'Empire britannique]*

Colin Powell fut nommé Président de la Commission des Finances de Jersey en 1999 quand il quitta ses fonctions de Premier Conseiller auprès des Etats de Jersey. Il est l'auteur de *Economic Survey of Jersey*, in 1971 et d'un rapport annuel sur l'économie pour les Etats de Jersey. Il a également écrit de nombreux articles concernant l'économie jersiaise, le rôle de Jersey comme centre financier international et les relations de Jersey avec l'union Européenne. Il prépare actuellement une histoire de Jersey, centre financier international. Colin Powell habite à St Peter.

# BIBLIOGRAPHIE

W.S. Ashworth, Historic Jersey (Ashton & Denton Publishing, 1993)

R.Coates, The Ancient and Modern Names of the Channel Islands
(P. Watkins, 1991)

P. Le Brocq, The Royal Court & States Buildings (Bailiff of Jersey, 1998)

J. Le Dain, Jersey Alphabet (Seaflower Books, 1997)

P. Double & N. Parlett, Wild Island (Seaflower Books, 1996)

D. Le Feuvre, Jersey: Not Quite British (Seaflower Books, 1998)

F. Le Maistre, The Jersey Language and its Present State (The Jersey Society
in London, 1947)

R. Lemprière, The Channel Islands (Robert Hale, 1970)

J. McCormack, Channel Island Churches (Phillimore, 1986)

S.Hillsdon, Jersey (Landmark Publishing, 2003)

P. Hunt, Un Précis historique de Jersey (Société Jersiaise, 2000)

N.C.W. Spence, A Brief History of Jèrriais (Le Don Balleine, 1993)

J. Stevens, Old Jersey Houses, Vols I & II (Phillimore, 1977)

M. Syvret and J. Stevens, Balleine's History of Jersey (Phillimore, 1998)

# INDEX

Les chiffres en caractères **gras** renvoient aux illustrations.